身近に考える人権

人権とわたしたち

髙井由起子

|編著|

ミネルヴァ書房

は じ め に

　外務省のホームページには持続可能な開発目標，通称SDGsについての記載
があります。SDGsとはSustainable Development Goalsの略語であり，日常
的に目にする言葉となっているといえるでしょう。小中高等学校，あるいは大
学の授業等でも頻繁に取り上げられているかと思います。外務省のホームペー
ジに記載されている内容を参考に説明をすると，SDGsとは，2001年に策定さ
れたミレニアム開発目標（MDGs）に続くものとして，2015年9月の国連サミ
ットで加盟国の全会一致で採択された「持続可能な開発のための2030アジェン
ダ」に記載された，2030年までに持続可能でよりよい世界を目指す国際目標と
なっています。17のゴールと169のターゲットから構成され，地球上の「誰一
人取り残さない（leave no one behind）」ということを誓っています。この17の
ゴールのなかには多くの人権問題に取り組むゴールが掲げられています。その
一つに「すべての人に健康と福祉を」というものがあります。この目標が掲げ
られているということは，つまりどういう意味があるでしょうか。現実的には
すべての人に健康と福祉が保障されていない人権問題が世界的に存在する，と
いうことがいえるのではないでしょうか。

　たとえば，この本を手にとるみなさまのなかには，人権問題というものを身
近なものとして実感していない方もいるかもしれません。大学の授業で資格取
得のために必ず履修しなくてはならないために人権の勉強をする，という方も
いるかと思います。ところが人権問題を遠くから眺めるだけの姿勢では，根本
的に課題を解決することは困難であると考えます。そのためにこの本では主だ
った各人権にかかる問題を取り上げるだけでなく，人権問題やその課題を身近
なものとして考えてもらいたく章立てを考えております。さまざまな人権問題
があることを知り，それを身近なものとして考察してほしく思います。まさに
「身近に考える人権」を日々実践してもらえることにつながることができれば
と願っております。

本書では人権問題について全ての課題が取り上げられているとはいえません。むしろごく一部であると考えています。言うまでもなく，本書で取り上げられていない人権問題もさらに意欲的に考察していきたく思います。

　また，「障害」という言葉についても，原則として筆者の先生方の表記に委ねていますので，統一されていない部分もあるかと思いますが，それぞれの筆者の先生方の思いを尊重してあえて統一していない部分があります。

　最後に，各章をご担当いただき，熱意あふれる原稿を執筆くださった先生方，また編集に尽力くださったミネルヴァ書房の浅井久仁人様には多くのご指導をいただきました。深く感謝申し上げます。

高井由起子

目　次

第1章

人権のはじまり

　本章では，人権にかかわるさまざまな問題を考えるうえで，人権そのものは，もともと最初から人類に認められていたものではなく，これまでの人類の長い歴史のなかで人権が獲得されてきたものであることを理解する。このことは，わが国の日本国憲法第97条にも，「この憲法が日本国民に保障する基本的人権は，人類の多年にわたる自由権獲得の成果であって，これらの権利は，過去幾多の試練に堪へ，現在及び将来の国民に対し，侵すことのできない永久の権利として信託されたものである」と規定されており，人びとがどのようにして人権を獲得してきたのか，その歴史を学ぶとともに，人権とはそもそも一体何なのかについて学びを深めていく。

1　人権前夜

（1）人類の歩み

　旧石器時代は採集経済の時代で，年長者，経験のゆたかな人を指導者として共同で労働し，獲得物も平等に分配していた。新石器時代になると，農耕，動物の家畜化による牧畜がおこなわれ，人びとの生活は大きく変化するとともに，富の生産にともない，血縁社会にかわって地縁社会が成立していった。このような時代背景のなかで，各地域社会に富の分配権をもった権力者がうまれ，小国家が各地に成立することになる。このように人類は，財産をもつものともたないもの，支配者と被支配者に分かれ階級社会がはじまっていった。

（2）宗教改革と絶対主義

　人権の萌芽を厳密に検討するのには時代を詳細に追いながら考察することが必要ではあるが，近代的な人権思想の萌芽を中心に検討するため，宗教改革以降の時代まで早送りして検討していきたい。

　ローマカトリック教会は，ローマ教皇を神の代理人とするキリスト教の教会組織で，313年のミラノ勅令によりローマ帝国でキリスト教信仰が認められ，392年にローマ帝国の国教となった。この後，地中海に広がり8世紀からはフランク王国と結びついてヨーロッパに定着した。10世紀以降は神聖ローマ帝国の保護を受けた。

　中世ヨーロッパでは，人びとは国家の承認した宗教以外のいかなる宗教の信仰の自由も許されず，公認宗教を信仰しない者は異端者として処罰されたり，差別的な取り扱いを受けることが普通であった。こうした背景のなかで1515年に教皇レオ10世が，サン・ピエトロ大聖堂建築資金の名目で贖宥状を大々的に発売したことに対して，マルティン・ルターが批判をしたことがきっかけとなり，教皇位の世俗化や聖職者の堕落などへの信徒の不満と結びついて，ローマカトリック教会からプロテスタントの分離へと発展していくことになる。

　ルターの改革に刺激された中・南部ドイツの農民は，農奴制の廃止などを求めて，1524〜25年に大規模な反乱を起こしたが，諸侯は，この反乱を徹底的に鎮圧し，以後，宗教改革の主導権を握ることになった。

　16世紀以降，大商人たちは，海外市場をめぐる争いに勝つために強力な国家権力の後ろ盾を必要とした。国王の保護を受ける代わりに，国王の必要とする資金を調達したり，有能な官僚を供給したりし，絶対主義の主要な基盤の一つとなった。

　他方，諸侯や領主などの貴族たちは，農民の反抗を抑えるためにも，集中化された政治権力を必要とするようになった。そこで，貴族たちは政治的な支配権の最高の貴族たる国王にゆだね，その代わりに，貴族としての身分的な特権（免税特権など）や領主としての権利（農民からの年貢徴収権など）を国王に保障してもらい，あるいは，宮廷で国王に仕えて利益を与えられるようになった。絶対主義は，大商人と貴族とがそれぞれの立場で国王を支持したところに

成り立っていた。その基礎の上に，国王は官僚制と常備軍をととのえて強力な
中央集権的統治体制を打ち立てた。

（3）王権神授説

　王権は市民階級の力を一部取り込み，領主を官僚とし，国外的には常備軍を
設けて教権や皇帝権に対抗しながら，国内的には封建勢力の抵抗を抑えようと
した絶対王政であったが，実際は微妙な均衡の上に成り立っていたため，自ら
の支配権は神によって授けられたものであるという王権神授説によって，自己
の権力の正当化を図ることにした。つまり「王権は神から付与されたものであ
り，王は神に対してのみ責任を負い，また，王権は人民はもとよりローマ教皇
や神聖ローマ皇帝も含めた神以外の何人によっても拘束されることがなく，国
王のなすことに対しては人民は何ら反抗できない」とした。長らく「神の代理
人」とされてきたローマ教皇の権威・権力からの王権の独立と，人民に対する
絶対的支配の理論的根拠となった。

（4）社会契約説の登場

　イギリスでは，ジェームズ1世が即位してスチュアート朝をひらいた。彼は
王権神授説を唱え，議会の同意なしに課税したり大商人に独占権を与えたりし
たうえに，イギリス国教会に属さない新教徒を抑圧した。

　つぎのチャールズ1世も同様な政治を続けたので，議会は1628年に「権利の
請願」を提出した。1640年に新しく開かれた議会は，国王の政策を攻撃し，国
王の側近を処罰して改革を実行しようとしたので，ついに1642年から王党派と
議会派との間に内乱がはじまった。この内乱はピューリタン革命（清教徒革
命）と呼ばれている。

　1688年に名誉革命が達成され，1689年に議会は「権利の宣言」を決議し，権
利の章典として発布した。これによって国民の基本的人権と議会主義の原則が
確立され，イギリス立憲政治の基礎が築かれた。

　ピューリタン革命と名誉革命は，絶対主義を倒すための一連の改革であった
から，両者は一括してイギリス革命とも呼ばれる。この革命は，立憲政治を樹

立しただけではなく，土地に対する国王の封建的な支配権を廃止し，国王による勝手な課税や独占権の濫発のような弊害を除去するなど，産業の自由な発展を可能にし，資本主義の発展への道を開くものであったので，世界最初の市民革命（ブルジョワ革命）とされている。

　こうした情勢のなかで，君主の支配権は国民との契約によって認められたものであるとする社会契約説がトマス・ホッブスやジョン・ロックによって唱えられて，王権神授説はしだいに否定されていくことになる。

　トマス・ホッブスは，著作『リヴァイアサン』で，自己保存のために暴力を用いるなど積極的手段に出ることは，自然権として善悪以前に肯定されるとして，自分の力を行使することができる自由があることを主張した。一方，他人も同様の自由があることから，人間の自然状態を決定的な能力差のない個人同士が互いに自然権を行使しあった結果としての「万人は万人に対しての狼」「万人の万人に対する闘争」であるとし，これを避けるために，「人間が天賦の権利として持ちうる自然権を国家に対して全部譲渡するべきである」と述べ，社会契約によって国家を形成させたとし，社会契約論を用いて従来の王権神授説に代わる絶対王政を合理化する理論を構築した。トマス・ホッブスは平等な個人間の社会契約による国家形成という新しい視点を開いた。

　その後，ジョン・ロックが『市民政府二論』のなかで，自然状態下において，人は全て公平に，各人固有の権利として生命（life），健康（health），自由（liberty），財産（possession）の諸権利を有する。誰もが自由であり，誰もが他の諸権利に関与するする権限はない。しかしそうなると，たとえ犯罪が起きたとしても誰もその犯罪者を逮捕，拘束できず，裁くこともできない。この不都合な自然状態から守るために政府が必要であると考え，国家は諸国民の「承認」によって設立されるとし，国家は諸国民の三権を守るために存在し，諸国民との契約によってのみ存在する。我々は保有する各個の自然権を一部放棄することで，国家に社会の秩序を守るための力を与えたのである。国家が権利を行使するのは国民の信託によるものであるとし，社会契約は個人の自然権の一時的委託にすぎないから，もしも国家統治契約に背いて国民の生命・自由・財産を侵害するならば，国民は抵抗権（革命権）によって政府を交替させることがで

きると自然権の優位性を主張した。このジョン・ロックの主張は，名誉革命を理論的に基礎づけたばかりではなく，のちのアメリカ独立革命やフランス革命にも大きな影響を与えることになる。

> 自然権とは，政府ができる以前の自然状態の段階から，人間が持っている生命・自由・財産・健康に関する諸権利のこと。人権は自然権の代表的なものとされている。

　イギリスで国王と議会の対立が生じたことから，ピューリタン革命と名誉革命が生じ，自然権が唱えられたことによって基本的人権の思想が普及していくことになる。トマス・ホッブスは，人間が自分の生命を維持するために，自分の力を行使することができる自由を主張し，国家に支配されない個人の基本的人権の思想を表明したが，個人の実力差は他人を服従させるほど決定的でないので，人びとは各自の自然権をただ一人の主権者に委ね，社会契約によって国家を形成させたとした。

　さらに，ジョン・ロックが社会契約論を唱え，人は全て公平に，生命，健康，自由，財産の諸権利を有することを主張するとともに，政府は諸国民との契約によってのみ存在することを主張した。

　このように自然についての合理的な理解が深まるにつれて，社会や国家のしくみについても合理的な解釈がおこなわれるようになった。そのよりどころとなったのは，現実の個々の法律のうえに理性の教えにかなう普遍的な法が存在するという自然法思想と，自然権を備えた個人の契約によって社会が成立したという社会契約説とであり，この二つの考え方は，単に社会や国家の成り立ちを説明する原理であるだけでなく，現在の秩序を合理的なものに改めようとする主張の根拠ともなった。こうして基本的人権の思想が唱えられ拡大していくことになる。

　イギリスでは，1867年の第2回選挙法改正で都市労働者に選挙権が与えられ，1884年の第3回改正で農業労働者なども有権者になった。

（5）アメリカ独立革命

　アメリカ新大陸では，原住民の人口が激減したために，アフリカから黒人奴隷を輸入するようになったが，この奴隷貿易は17〜18世紀に急激に拡大した。17〜18世紀に西アフリカから運び出された黒人奴隷の総数は700万人を超えると推定されているが，奴隷の死亡率はきわめて高かった。

　アメリカでは1775年に独立戦争が起こり，1776年7月に独立宣言を発表。ロックの思想の影響を受けて，人間の自然権を承認し，政府はその自然権を確保するためにこそ組織されているのであると主張したもので，のちのフランスの人権宣言とともに，近代民主主義の原理を明らかにしている。

　独立宣言と前後して，各州はそれぞれの州憲法を定め13州の連合が成立，アメリカ合衆国という名称が定められる。1787年に合衆国憲法を採択。この憲法では，広範な自治権が認められるとともに，人民主権と三権分立の原理に基づいて，合衆国の行政をおこなう大統領と連邦政府，立法をおこなう二院生の連邦議会，司法をつかさどる最高裁判所などが設けられた。アメリカの独立は，市民革命の一つとして独立革命と呼ばれている。しかし，独立革命の成果は移住した白人だけの享受するところであり，インディアンの権利が無視されたばかりでなく，黒人奴隷制度が存続してその後に大きな問題を残した。

　独立後のアメリカでは，第3代大統領ジェファソンのもとで，自営農民の保護や教育の振興などにより，民主主義が進展した。第7代大統領ジャクソンは，西部の自営農民などの支持を得て，選挙権の拡大や公立学校の普及など，民主主義の発展に努力した。西部への発展とともに，アメリカの内部では北部と南部の対立が強まった。南部では黒人奴隷を用いて綿花やたばこを栽培する大農園（プランテーション）が盛んで，イギリスの綿工業と結びつく自由貿易が支持され，また，各州の自治を強化する州権主義がしきりに主張された。

　これに対して，工業が発展しつつあった北部では，アメリカ資本主義をイギリスとの競争から守るために，保護関税政策と強力な中央集権がのぞまれ，奴隷制反対の声が強かった。南部の奴隷州と北部の自由州は，西部開拓によってできる新州を味方につけようとして争った。

　1860年に共和党のリンカーンが大統領に選出されると，南部諸州は合衆国か

ら分離してアメリカ連合国をつくり，南北戦争が始まった。経済力に勝る北部は，南軍を破って合衆国は再統一された。1863年に発布された奴隷解放宣言は，1865年に憲法修正第13条として明文化されたが，黒人に対する差別と黒人の貧しさはその後も長く続いてアメリカの社会問題となった。

（6）フランス革命

　17世紀にはじまる新しい社会思想は，18世紀にはいって，なお，絶対主義下にある諸国とくにフランスにおいて，旧体制を批判する思想運動にまで高められた。この思想運動は啓蒙思想と呼ばれる。モンテスキューは『法の精神』を1748年に出版した。ジョン・ロックの『統治二論』を基礎において，立法権，司法権，行政権はそれぞれ分有されるべきであるとして三権分立を説いた。また，同書で奴隷制の廃止や言論・結社の自由についても述べている。

　ジャン・ジャック・ルソーは1755年に『人間不平等起源論』を著し，文明化によって人民が本源的な自由を失い，社会的不平等に陥った過程を追求，現在社会の不法を批判した。さらに1762年に『社会契約論』を著し，トマス・ホッブスやジョン・ロックの「社会契約」という概念を継承しながら，さまざまな人びとが社会契約に参加して国家を形成するとした。個人ということが自覚されるようになり，国家は国民に自由権を保障して，国民がどのような生活を営むかは各自の責任に任せておくべきだとした。国家は犯罪を取り締まったり，戦争に備えたりする特別な場合のほかは，むやみに国民の生活に立ち入るべきではないと考えられるようになり，主権者と市民との同一性に基づく人民主権論を展開し，近代民主主義の古典として以後の政治思想に大きな影響を与えた。

　このようにルソーは，人民主権の原理に基づく直接民主主義を主張するとともに，富の不平等を鋭く批判して，生まれつつある近代社会そのものの欠陥を指摘するにいたった。

　また，ルソーは，1762年に教育論『エミール』を著し，「子どもは小さな大人」としてみる社会通念を否定し，「子どもは大人ではない，子どもは子どもである」とする立場を打ち出し，子どもの自主性を重んじ，子どもの成長に即して子どもの能力を活用しながら教育をおこなうべきであるという子どもの人

権を尊重した教育のあり方を示した。

　18世紀のフランスでは国王が5分の1の領土をもつ最大領主であり，宮廷貴族は国王に次ぐ大領主で，減免特権の最大の受益者でもあった。ルイ16世時代になって国家財政が破綻したため，権力を握っていた宮廷貴族は自分たちの減免特権を温存し，ブルジョアジー以下の国民階層に負担をかぶせようとした。このため第三身分であった国民階層は，自分たちを国民議会と呼び，国王には国民議会の決定にいかなる拒否権もないこと，国民議会を否定する行政権力はないこと，国民議会の承認しない租税徴収は不法であることを議決したため，国王と国民議会は全面対決となった。1789年7月14日に，国王が武力で国民議会をおさえようとしたことから，パリの民衆が蜂起してバスチーユ要塞監獄を占領し，また，全国各地で農民が蜂起して領主の城や館を襲撃した。この時生まれた革命のスローガンは「自由・平等・財産」であった。議会は，事態をおさめるために，封建的，身分諸特権の廃止を決議し，8月26日に「人権宣言」を発表した。人間の自由と平等，人民主権，言論の自由，三権分立，所有権の不可侵など17条からなるフランス革命の基本原則である市民社会の原理を明らかにした。人は生まれながらにして自由かつ平等であることを前提に，人身の自由，言論・出版の自由，財産権，抵抗権などの権利を列挙するとともに，同時に国民主権や権力分立の原則を不可分の原理として定めたものである。

　しかし，人権宣言において人権が保障されていたのは，市民権をもつ白人の男性のみであり，女性や奴隷，有色人種を完全な人間として見なさいという観念に基づくものであり，すべての人間にとって普遍的な権利であるはずの人権は，啓蒙思想などによってフランスの植民地に住むムラート（白人と黒人の混血）や黒人，インディアンなどには認められず，1791年に黒人奴隷が大反乱を起こすまで奴隷制について真剣な努力はなされなかった。1793年の奴隷制廃止宣言，1794年のジャコバン派による奴隷制廃止決議は，人権宣言の理念に基づいたものではなかったが，植民地も包括した全面的な奴隷制廃止は近代西欧世界史上初となるものであった。しかし，フランスにおける奴隷制は1848年の第二共和政下で廃止が実現されるまで続いた。

　18世紀の自然権思想は19世紀になると後退し，法実証主義的ないし功利主義

的な思想態度が支配的となり，1850年の欽定憲法では，法の下の平等や人身の自由などが数の上でも制限されたばかりではなく，質的にも天賦の権利から国王によって与えられた恩恵的な憲法へと変化した。個人権の考え方を支配していたのは，国家の主たる任務は国民の自由の確保にあり，国家は社会に干渉しない方が望ましいという自由国家の思想であった。

　1875年に共和国憲法が制定されて第三共和政が確立した。新憲法のもとで，三権分立と二院制の議会（下院は男子普通選挙）による体制が発足した。

（7）ドイツワイマール憲法

　ドイツの1850年のプロイセン憲法では，強大な国王大権と議会制，基本的自由権の２つの原理が併存していた。憲法では平等権や人身の自由など，近代的な一通りの自由権が保障されていたが，保障される権利や自由は天賦のものではなく，法律によって定められるとし，いわゆる法律の留保がなされていた，そもそも公民の権利は自然権的な意味での人権ととらえておらず，あくまでも「プロイセン人の権利」であり，プロイセンの憲法ならびに法律によって定められるものであったことから，憲法制定後，自由権を制限するさまざまな立法がおこなわれた。

　ドイツではナポレオンの侵入を契機として，プロイセンの改革がおこなわれた。農民を身分的に自由にし，賦役を廃止しようとする農民解放がおこなわれ，行政機構や教育制度も改革され，軍制改革によって国民的な軍隊が創設された。ドイツ人の民族意識を高揚させる精神運動も盛んになった。しかしこの時期の農民解放は不十分であったが，これらの改革によって，一応の近代化を成し遂げた。

　1871年に成立したドイツ帝国は，その国家体制を同年制定の帝国憲法によって定めた。帝国は連邦制国家で，プロイセン王がドイツ皇帝を兼ね，立法府は，各邦を代表する連邦参議院と，全国民の男子普通選挙による帝国議会からなっていた。帝国議会の権限はきわめて小さく，帝国宰相は皇帝の任命であり議会に対して責任を負わなかったから，議会政治はおこなわれず，外見上の立憲主義にすぎなかった。

第一次世界大戦末期の水兵の反乱に端を発した大衆的蜂起とその帰結として帝政ドイツが崩壊した1918年のドイツ革命によって，第一次世界大戦は終結し，議会制民主主義を旨とするワイマール共和国が樹立された。1919年１月19日の総選挙によって選ばれた国民議会が，７月31日にドイツ共和国憲法を可決し，８月11日に大統領がこれを認証し，８月14日公布，実施された憲法を国民議会の開会地にちなんでワイマール憲法と呼んでいる。前文と181か条の本文とで構成されている。本文は２編に分けられて第１編は「ライヒ（連邦）の構成及び任務」で，第２編は「ドイツ人の基本権及び基本義務」である。この憲法の特色は，① 連邦制の存続とライヒ参議院を設け，立法及び行政に参加する権限を与えたこと。② 国民主権を採用し，「ドイツ国は，共和国体とする。国権は国民から発する」（１条）と定め，国民の直接選挙による大統領を置き，元首で最高行政機関とした。③ 民主主義的諸制度の広範な導入で，ライヒ議会などの選挙における完全な普通，男女平等，直接，秘密の原則の保障，比例代表制の採用，国民票決，国民発案などの大幅な導入。④ 社会権的人権の保障。第２編では国民の基本権の保障について50条を超える規定を設け，法の下の平等の原則を認め，また伝統的な自由権を保障するほか，社会主義的な生存権的基本権を定め，人間に値する生存の保障を目的とした正義の原則に適合するような経済生活の秩序を目指し，生存権，労働権，労働者の団結権などの社会権を保障するとともに，それまで不可侵とされてきた経済活動の自由と財産権を制限つきで保障した。ワイマール憲法はその後の世界各国の20世紀民主主義憲法の先駆となった。

（8）人権獲得の歴史

　これまで学んできたように人権思想の始まりは，トマス・ホッブス，ジョン・ロック，ジャン・ジャック・ルソーなどの17〜18世紀の西欧の思想家たちによって，人間は生まれながらにして自由で平等な存在であり，生命，自由，財産を守る権利をもっているとする自然権思想が基本となっている。この考え方は，それまでの身分制社会を打ち破る思想的基礎となり，今日の人権の基本的な考え方となった。

　17～18世紀のヨーロッパでは，商工業の発展に伴い，新しい市民階級が発言力を強め，彼らにとって自由，平等を獲得することは，これから発展する資本主義経済を推進していくためにもきわめて重要であった。絶対王政を倒し，身分制を廃止して，自由・平等な社会の確立を求めて市民革命がおこなわれていった。17～18紀に現れてきた権利は，国家からの束縛に対する国民の保護という考え方に基づくものであった。

　18～19世紀にかけてアメリカ独立宣言やフランス人権宣言が発せられ，これまでの身分制度を打破し，市民の自由と平等を高らかに掲げ，平等権，自由権，財産権，抵抗権などが主な内容であった。しかし，人権宣言が掲げる人権は，白人だけのものであり男性だけのものであった。黒人や女性は除外されていた。さらに，白人男性でも貧しい人びとは，人権宣言が対象とする人から除外されており，国民の多くは，成年男子であっても選挙権も被選挙権も認められていなかった。

　市民革命によって自由な経済活動が可能となったことから資本主義が発展したが，その一方で，貧富の差が拡大し，富める人とそうでない人の間に不平等が生じ，貧困や失業などの大きな社会問題を引き起こすことになった。自由権が求めた自由放任政策は，社会的強者にとっては都合がよかったが，弱者にとっては貧乏の自由にほかならなかった。当初は貧乏も自己責任と考えられていたが，自由権の保障だけでは，すべての人が人間らしく生きていくことが困難になってきたので，貧困が資本主義の発展に伴う構造的なものであることが認識されるようになり，貧富の差や失業問題などの不平等を是正しながら，すべての人の人間らしい生活を保障することも人権（社会権）であるという考え方が登場し，国家が積極的に経済や社会に介入し，貧しい人びとや社会的弱者を支援すべきであるという福祉国家の考え方が生まれてきた。1919年に制定されたワイマール憲法（ドイツ共和国憲法）は，「経済活動の秩序は，すべての者に人間たるに値する生活を保障する目的を持つ正義の原則に適合しなければならない。この限度内で，個人の経済的自由は確保されなければならない」（第151条）としており，世界で初めて社会権を保障した憲法となった。以後，社会権は世界中の憲法に広がり，日本国憲法にも取り入れられている。

2 人権のはじまり

(1) わが国の人権の推移

　日本では，人間は生まれながらにして自由や権利を有するという思想はなく，明治時代にヨーロッパから本格的に人権の思想がもちこまれた。明治政府内では，憲法をつくって国会を開き，立憲政治を実施するという案が検討されたが，なかなか具体化されなかったため，板垣退助たちが明治7（1874）年に，国民が選んだ議員でつくる国会の早期開設を要求し，自由民権運動が始まった。そこでは，人間は自由・平等であるという近代思想に基づき，参政権や思想の自由，男女平等などを要求している。植木枝盛は，明治14（1881）年に発表した「日本国国憲案」で，思想の自由，言論・出版・集会・結社・居住・職業選択の自由などを盛り込んでいる。

　自由民権運動が広まるなかで，政府は明治23（1890）年に国会を開設することを約束した。政府は伊藤博文をヨーロッパに派遣し，伊藤は日本と国情の似ているドイツのプロイセン王国の憲法を学び，明治22（1889）年に欽定憲法（天皇の意思によって制定された憲法）として，日本で人権を最初に保障した「大日本帝国憲法」を発布した。

　大日本帝国憲法では，国民の権利は，あくまで臣民（天皇の家来）に対して，天皇が恩恵的に与えたものであり，「法律の範囲内において」しか認められなかった。その結果，議会が国民の人権を侵害する法律を制定したとしても，誰もそれを止めることができなかった。

　帝国議会は，衆議院と貴族院の二院制がとられ，衆議院議員は国民の選挙で選ばれたが，有権者は，直接国税15円以上を納める25歳以上の男子とされたため，国民の1.1％に過ぎなかった。

　大正元（1912）年，憲法に基づく政党による政治をおこない，民衆の考えを反映させていこうという護憲運動が起こり，大正7（1918）年，原敬が衆議院第一党の党員が閣僚の大部分を占める政党内閣を発足させた。この頃，民衆の意見を反映した政治を求める声が高まったため，大正14（1925）年に25歳以上

のすべての男子に衆議院議員の選挙権を与える普通選挙制を成立させた。また，女性差別の解消を求める運動や生活水準を改善するためのストライキや小作争議，部落解放運動なども始まり，大正デモクラシーと呼ばれた。一方，政府は同年に治安維持法を制定してこれを厳しく取り締まった。

昭和5（1930）年，世界大恐慌の影響を受け日本経済も大きな恐慌に陥った。その後，軍国主義化が進み，戦争に批判的な言論や思想の取り締まりが強められ，昭和15（1940）年には，ほとんどの政党や政治団体が解散して大政翼賛会という組織にまとめられてしまった。労働組合なども国家に奉仕する団体となり，自由を尊重する考え方は厳しく制限されることになった。

昭和20（1945）年8月15日に終戦を迎え，マッカーサー元帥を筆頭とする連合国軍による占領下のもとで，昭和21（1946）年11月3日に日本国憲法が公布され，翌年5月3日から施行された。日本国憲法の制定によって基本的人権が明文化され，これによって人びとが生まれながらにして人権をもっているという真の人権思想が確立されることになる。前文で，政府の行為によって再び戦争の惨禍を引き起こさないという国民の決意を表明し，「国民主権」「基本的人権の尊重」「平和主義」を三大原則とした。つまり国民が主権をもち，選挙を通じて国のあり方を決めるために，20歳以上の男女全員に参政権を保障するとともに，基本的人権を尊重し，表現の自由などを保障するとともに，人間らしく生きるための社会権を保障する生存権などを新たに付け加え，第二次世界大戦の反省に立ち，平和主義を選択し，戦争放棄をすることを宣言した。

（2）世界人権宣言

1945年10月に正式に発足した国際連合は，世界の平和と民主主義を守り，基本的人権を尊重することなどを目的とした国際組織である。従来，国連憲章体制の下では，人権保障は原則として国内管轄事項であって，人権保障は一つの国家にとどまるものであり国連機関による干渉が禁止されていた。しかし，人権が人間の尊厳に基づく権利であるなら，人間である限り国の違いを超えて，すべての人に保障されなければならないことから，条約の形で国家の合意を得た枠内で実施することが必要であった。

このため国際連合は1948年12月10日に「世界人権宣言」を採択し宣言した。第1条で「すべての人間は，生まれながらにして自由であり，かつ，尊厳と権利について平等である。人間は，理性と良心を授けられており，互いに同胞の精神をもって行動しなければならない」と規定し，すべての人に，自由権，参政権，社会権などが，基本的人権として付与されるべきであるとしている。この世界人権宣言を記念して，毎年12月10日を世界人権デーとし，日本ではこの日に先立つ1週間を人権週間としている。

　1966年12月16日には，世界人権宣言に法的拘束力を与えるため，国際連合は国際人権規約（経済的，社会的及び文化的権利に関する国際規約及び市民的及び政治的権利に関する国際規約の選択議定書）を採択した。このほか人種差別撤廃条約（1965年），女性差別撤廃条約（1979年），拷問等禁止条約（1984年），子どもの権利条約（1989年），障害者権利条約（2006年）など，人権を国際的に保障する条約が採択されている。

　これらの条約の制定の背景には，世界人権宣言が発せられた後でもアメリカにおいては黒人などの有色人種に対する差別が続いていたことなどがある。1955年12月に公営バスの「黒人専用席」に座っていた女性に対し，運転手が白人客に席を譲るように命じたが拒否したため「人種分離法」違反で逮捕され罰金刑を宣告される事件があった。これに対してマーティン・ルーサー・キング牧師らが1年間バス・ボイコットを呼びかける運動を展開し，1956年に合衆国最高裁判所がバス車内における人種分離は違憲とする判決を出した。反人種差別運動は有色人種がアメリカ合衆国市民として法律上対等な地位を獲得することを目的としていたので公民権運動と言われている。しかし，現在もアメリカ合衆国各地で有色人種に対する暴力事件や冤罪事件，人種差別的な事件が生じているのが現状である。

　また，1960年代後半から1970年代前半にかけて，欧米や日本も含めた先進国で女性解放運動が起こった。アメリカや日本では，ウーマンリブ運動と呼ばれ，女性を拘束しているとする家族や男女の性別役割分担，作られた女らしさや，政治・経済・社会・文化などでの女性に対する不平等な取り扱いに対する抗議運動で，後に多くの国で女性の労働の自由が認められるようになった。

　しかし，わが国においても，近年オリンピックに関連した元総理大臣の発言など未だ女性蔑視が続いている。OECD（経済協力開発機構）の2019年版「世界ジェンダー・ギャップ指数」によると世界153カ国中，日本は121位（2018年版110位）で，G7の最下位であり，世界銀行が2021年2月に発表した「経済的な権利を巡る男女格差年次報告書」でも，190カ国中80位であり，根深い女性差別解消に向けた取り組みが進んでいない。

　同様に子ども虐待の増加や2016年に生じた神奈川県相模原市の障害者施設での45人殺傷事件，さらにインターネットやSNSを使った誹謗中傷などによるいじめや自殺に追いやる事件など，人権を無視した事件が後を絶たないのがわが国の現状である。

（3）人権とは何か

　日本国憲法第11条で，日本国民に保障する基本的人権が定められている。この基本的人権は，人間として誰もが有する基本的な権利であり，大きく分けて平等権，自由権，社会権，参政権があり，このほかにも現代社会の変化のなかで新しく主張されるようになった権利が含まれる。

　私たちは，法の下で平等で，個人をかけがえのない存在として尊重されなければならないという，個人の尊重の原理に基づいて日々生活している。そのためには，さまざまな基本的人権が保障されることが必要であり，国家は個人の自由を侵害してはならず，人びとの安定と福祉の向上を図り，国民が差別をされないようにしていくことが求められている。

① 平 等 権

　誰もが差別をされずに同じ扱いを求める権利のこと。すべての人が平等であることは，人権の根本原則である。憲法第14条には「すべて国民は，法の下に平等であって，人種，信条，性別，社会的身分又は門地により，政治的，経済的又は社会的関係において，差別されない」としている。ここに掲げられた項目は例示であって，あらゆる差別的な取り扱いを禁じているのである。なお，平等といってもそれぞれの違いを無視して形式的に完全に同じ扱いをしなけれ

ばならないということではなく，違いに応じて合理的な取り扱いをすることが許されるとする考え方が一般的である。

② 自 由 権

　公権力が個人の生活や精神活動に介入してくるとき，その介入を退ける権利のこと。人身の自由と精神の自由，経済活動の自由がある。人身の自由とは，人身の身柄の自由に対する権利をいう。奴隷制度のように，人間がその尊厳を無視され，身体の自由が奪われてきた歴史や，不当な逮捕により厳しい拷問を受けた歴史などを踏まえて，「奴隷的拘束からの自由」「刑事手続きに関する手続的保障」「拷問や残虐な刑罰の禁止」などが含まれる。

　一方，精神の自由には，「内心の自由」と，それを「外に向かって表現する自由」がある。具体的には「思想・良心の自由」「信教の自由」「表現の自由」「集会・結社の自由」「学問の自由」などがある。

　経済活動の自由には，「居住・移転の自由」「職業選択の自由」「移住・国籍離脱の自由」「財産権の保障」がある。財産権の内容については，公共の福祉に適合するように法律で定めることにしており，建築基準法や消防法，都市計画法などで，利用が制限されることがある。

③ 社 会 権

　すべての人に人間らしい生活を保障することを国家権力に求める権利のこと。生存権と教育を受ける権利，労働に関する権利がある。生存権とは，人間らしい生活をするために必要な諸条件を確保する権利である。憲法第25条第１項は，「すべて国民は健康で文化的な最低限度の生活を営む権利を有する」と定め，第２項で「国は，すべての生活部面について，社会福祉，社会保障及び公衆衛生の向上及び増進に努めなければならない」と定めている。この第25条の規定に基づき，公的扶助制度として「生活保護法」，社会保険制度として「国民健康保険法」「国民年金法」「雇用保険法」など，社会福祉制度として「児童福祉法」「身体障害者福祉法」など，公衆衛生制度として「食品衛生法」「環境基本法」などの法律が制定され諸制度が実施されている。

　教育を受ける権利とは，教育は，人が成長するうえで不可欠なものであり，すべての子どもは教育を受ける権利ももっている。憲法第26条第1項で「すべて国民は，法律の定めるところにより，その能力に応じて，ひとしく教育を受ける権利を有する」と定めている。子どもは教育を受けて学習することで，人間的に発達，成長していく。子どもが学習する権利を「学習権」といい，教育を受ける権利の中心を占める最も重要な権利である。子どもに教育を受けさせる義務は保護者にあり，国や自治体は教育制度の整備，学校施設の整備，教師の勤労条件の整備や教育条件を整備する義務を負っている。

　労働に関する権利とは，憲法第27条第1項で「すべて国民は，勤労の権利を有し，義務を負ふ」と定めている。この権利は，働く自由を妨げられないという「自由権」的な性格をもっているが，憲法第22条第1項の「職業選択の自由」が保障されているという規定と重なることから，国に対して働く機会を提供する制度の創設を要求する「社会権」的な性格を有している。この規定に基づき「職業安定法」「雇用対策法」「雇用保険法」などの法律が制定されている。

　第27条第2項で「賃金，就業時間，休息その他の勤労条件に関する基準は，法律でこれを定める」と規定している。これは「契約自由の原則」を適用すると，力関係から労働者は不利な条件で契約をせざるを得ない恐れがあることから，勤労条件の設定に政府が介入し，労働者を保護することを目的としている。この規定に基づき「労働基準法」「労働安全衛生法」「最低賃金法」などの法律が定められている。

　また，第27条第3項で「児童は，これを酷使してはならない」と規定し，児童の酷使を禁止している。

　憲法第28条で「勤労者の団結する権利及び団体交渉権その他の団体行動をする権利はこれを保障する」と定めている。この権利は「労働基本権」と呼ばれており，「団結権」「団体交渉権」「団体行動権（争議権が中心）」の労働三権が保障されている。「団結権」は，一人ひとりの労働者は弱い立場にあるので，雇い主と対等の立場に立ち交渉できるようにするためには団結するしか方法がないからである。「団体交渉権」は，労働者の団体が雇い主と労働条件について交渉する権利で，雇い主は理由なく交渉を拒否することはできず，団体交渉

で合意した事項については守らなければならない。「団体行動権」は，労働者の団体が労働条件の実現のために団体行動をおこなう権利であり，争議行為が中心となっている。正当な争議行為は民事上（損害賠償など）も刑事上（威力業務妨害罪など）も責任を問われることはない。労働三権は雇い主に対して労働者の勤労の権利を保障するために必要な権利であるが，国家公務員や地方公務員などについては，法律により労働三権が大幅に制限されている。

④ 参 政 権

　国民が主権者として直接に，または代表者を通じて間接に政治に参加する権利のこと。憲法第15条第3項で「公務員の選挙については，成年者による普通選挙を保障する」と定められ，憲法第43条第1項では「両議院は，全国民を代表する選挙された議員でこれを組織する」，憲法第93条第2項では「地方公共団体の長，その議会の議員及び法律の定めるその他の吏員は，その地方公共団体の住民が，直接これを選挙する」と定められている。また，憲法第79条第2項に「最高裁判所の裁判官の任命は，その任命後初めて行はれる衆議院議員総選挙の際国民の審査に付し，その後十年を経過した後初めて行はれる衆議院議員総選挙の際更に審査に付し，その後も同様とする」と定めている。選挙権については主権者の権利であると同時に，公務員の選定に参加するという性格もあわせもっている。

（4）新しい人権

　現代社会の変化のなかで新しく主張されるようになった権利のことで，マスコミの発達や，コンピュータなどの情報技術の発達などに伴う「知る権利」「プライバシーの権利」，自然環境の破壊や医療技術の発展に伴い「環境権」「患者の自己決定権（尊厳死，インフォームド・コンセント）」など，社会の急速な発達のなかで，新しい人権が主張されるようになってきている。近年では情報公開を積極的に実施している自治体が増加している。これに関して平成11（1999）年5月に「行政機関の保有する情報の公開に関する法律」や，平成15（2003）年5月に「個人情報の保護に関する法律」が制定されプライバシー保

護が守られるようになってきている。

学習課題

1．王権神授説とは何か，この説がなぜ必要だったのか考えてみよう。
2．すべての人の人権が守られるようにするためにはどうすればよいと思うか，自分の
　意見を考えたうえで，話し合ってみよう。

引用・参考文献

オードリー・オスラー／ヒュー・スターキー，藤原孝章・北山夕華訳（2018）『教師と人
　　権教育——公正，多様性，グローバルな連帯のために』明石書店.
下中直人（2011）『世界大百科事典』平凡社.
髙井由起子（2020）『わたしたちの生活と人権』教育情報出版（保育出版）.
鶴見尚弘他（1994）『世界史　四訂版』実教出版株式会社.
広島県（2009）『思いやりと優しさのハーモニー——楽しく学ぼう！人権のいろは』広島
　　県人権男女共同参画課.
四日市市人権センター（2011）『四日市市人権教育・啓発推進プログラム　人権の基本
　　（中・上級編）』四日市市人権センター.

（寅屋壽廣）

第 2 章

世界人権宣言と日本における人権規定

　人権は，2度の世界大戦の惨禍を経験した国際社会が，その悲劇を繰り返すまいとする世界平和への希求をもとに，国際法と国内法によって保障しようと努力を重ねているものである。

　その根幹をなすものが「世界人権宣言」である。「世界人権宣言」は第二次世界大戦後に国際連合で定められたものであり，近年注目を浴びている「持続可能な開発目標（SDGs）」の達成のために必要な思想でもある。

　「世界人権宣言」をもとに，さまざまな状況にある人びとの権利を保障するための国際条約が定められている。その条約に加わっている国々は，国内法の整備によって自国に住む人びとの人権を具体的に守ろうとする。本章では，特に障害者権利条約を例示して考える。

　日本においては，主に日本国憲法第3章が人権に関する定めの基礎をなしている。特に，本章では教育権を例示して考える。また，近年主張される「新しい権利」と憲法改正論議の関係についても考える。

1　世界人権宣言

（1）世界平和と人権

　第1章では，「人権」の歴史と原理について学んだ。本章では，それらをふまえて，現代の国際社会および日本がどのように人権を位置づけているかについて考えてみたい。

　現代における人権にかかる政策は，二度の世界大戦に代表される戦争の惨禍を繰り返すまい，という国際社会の反省から始まっている。戦争はただ単に街を壊し，人びとの命を奪うというだけではなく，命を取り留めた人びとのさまざまな権利を奪うという側面ももっている。そのため，平和な社会をつくり出

すということと，人間が生まれながらにしてもっている権利を守るということは，切っても切り離せない関係にある。

（2）世界人権宣言とは

　世界人権宣言は，第二次世界大戦後の国際連合による努力によって成立した。1946年に設置された国際人権委員会（2006年に人権理事会に改組）は，1947年に国際連合の経済社会理事会に対して国際権利章典起草のための委員会の設置を求めた。経済社会理事会はこの求めに応じ，同章典起草のための手続きに着手した。そして1947年に国際人権委員会は世界人権宣言を含む3分野からなる国際権利章典を，経済社会理事会を通して国際連合総会に提出した。これが，国際連合の米国代表であったエレノア・ルーズベルト（第32代米国大統領フランクリン・ルーズベルトの妻）に代表される国際連合加盟国関係者の尽力により，1948年12月10日に第3回国際連合総会にて採択された。そして，1950年の第5回国際連合総会における決議によって，毎年12月10日が「世界人権デー」と定められており，さまざまな啓発活動がおこなわれている。

　日本の外務省は，世界人権宣言を次のように説明している：

> 　世界人権宣言は，人権および自由を尊重し確保するために，「すべての人民とすべての国とが達成すべき共通の基準」を宣言したものであり，人権の歴史において重要な地位を占めています。
>
> （外務省，n.d.）

　先にも書いたが，この宣言が第二次世界大戦以後に国際連合で定められたということは重要である。戦争は明らかに人権侵害の最たるものであり，世界平和への希求からこの宣言が定められた，といえるからである。

　合計30条で構成される世界人権宣言*は，先の戦争に対する反省を込めた前文に続いて，次の条文（第1条）で始まる。

> 第1条
> 　すべての人間は，生れながらにして自由であり，かつ，尊厳と権利とについて平等である。人間は，理性と良心とを授けられており，互いに同胞の精神をもっ

て行動しなければならない。

　まさに，これこそ平和な社会の理想である。社会に暮らすひとりひとりが，お互いの「尊厳と権利」を尊重し，「理性と良心」をもって生活を送ることができれば，まさに戦争のない非暴力の社会となりうる。そして，ひとりひとりに対して国際社会を共に構成するという「同胞の精神」に基づいた行動を求めていることも重要である。

　この後に，「自由権」と「社会権」をうたった条文が続くことになる。一条ずつ要約すると以下のようになる。

人種，皮膚の色，性，言語，宗教，政治上その他の意見，国民的若しくは社会的出身，財産，門地その他の地位又はこれに類するいかなる事由による差別と人間の所属国・地域による差別の根絶（第2条）

生命，自由及び身体の安全に対する権利（第3条）

奴隷の禁止（第4条）

拷問からの解放（第5条）

法の下に人として認められること（第6条）

法の下の平等（第7条）

基本的権利の侵害に対する救済（第8条）

ほしいままの逮捕・拘禁・追放からの解放（第9条）

公正な裁判による平等（第10条）

無罪の推定（第11条）

私権に対する攻撃からの保護（第12条）

移動の自由（第13条）

迫害を逃れるための避難（第14条）

国籍の所持（第15条）

結婚と家庭の所有（第16条）

財産の所持（第17条）

思想，良心及び宗教の自由（第18条）

意見および表現の自由（第19条）

平和的集会および結社の自由（第20条）

参政の権利（第21条）

社会保障の権利（第22条）

労働の権利（第23条）

労働における余暇の権利（第24条）

社会保障の権利（第25条）

教育の権利（第26条）

文化・芸術・科学の享受の権利（第27条）

社会的及び国際的秩序に対する権利（第28条）

　このように，広範にわたる権利が定められている。この宣言には法的拘束力はない。しかし，国際社会が守るべき重要な規範として，多くの国々における人権に関した法政策の根拠となっている。

　ところで，もうひとつ注目すべきは，これらの権利を有するために人間がもつべき責任と義務についても定められていることである。第29条は以下のようになっている。

第29条

1　すべて人は，その人格の自由かつ完全な発展がその中にあってのみ可能である社会に対して義務を負う。

2　すべて人は，自己の権利及び自由を行使するに当っては，他人の権利及び自由の正当な承認及び尊重を保障すること並びに民主的社会における道徳，公の秩序及び一般の福祉の正当な要求を満たすことをもっぱら目的として法律によって定められた制限にのみ服する。

3　これらの権利及び自由は，いかなる場合にも，国際連合の目的及び原則に反して行使してはならない。

　これは，人間が権利を行使するにあたっては他人および社会の権利を尊重しなければならない，ということである。こうした事実を安易に言い換えて「人に迷惑をかけるな」「権利より義務が先だ」などと諭す人がいるが，そのような精神論をここで言っているわけではない。むしろ，人間は社会生活において権利が尊重されているからこそ義務を負う，と考えるべきであろう。

そして，最後の第30条には次のように定められている。

> 第30条
>   この宣言のいかなる規定も，いずれかの国，集団又は個人に対して，この宣言に掲げる権利及び自由の破壊を目的とする活動に従事し，又はそのような目的を有する行為を行う権利を認めるものと解釈してはならない。

つまり，世界人権宣言を盾にして他者・他国の権利を侵害してはならない，ということである。人権は排他的に主張されるべきものではない。相手の権利を尊重してこそ，自分の権利が保護される，と考えるべきであろう。

しかし，世界の現実を見渡してみると，上記の権利がすべての人びとに保障されているといえるだろうか。答えは「否」といわざるを得ない。肌の色を理由に差別を受ける人びとは今でも多くいるし，特定の宗教の信仰が脅かされる人びともいる。また，紛争により迫害を受けている人も多くおり，労働や社会保障が得られずに収入がもてず，餓死していく人びともいる。これらはまさに国際・国内政治の問題ともいえるが，そうした政治状況の一端を担っているのが私たちひとりひとりの市民であるということも忘れてはならない。

こうして世界における人権法政策の根幹をなす世界人権宣言は，21世紀になっても人類にとっての大目標となっているのである。

（3）持続可能な開発目標（SDGs）と人権

「世界人権宣言」という言葉を聞いたことがない，という人でも，「SDGs」（エスディージーズ）という言葉なら聞いたことがある，という人は珍しくないであろう。本章が執筆されている2021年の時点では，メディアにおいて「SDGs」に絡めた社会課題の話題がひんぱんに報道されている。

また，世界中の国家や企業がSDGsを達成するためのさまざまな取り組みを掲げており，企業の広告においても「SDGs」の何らかの目標に関するロゴマークが示されることが多くなった。国際関係のみならず，ビジネスの世界においても一種の「一般常識」となりつつある。

「SDGs」とは Sustainable Development Goals（持続開発な開発目標）の略

称であり，2015年9月年に国際連合サミットにて採択された「持続可能な開発のための2030アジェンダ」に定められている。この開発目標は，さまざまな課題を抱えた国際社会において「誰一人取り残さない（leave no one behind）」をモットーとして，2030年までに達成するべく17の目標と169のターゲットを掲げている。「誰一人取り残さない」という言葉からもわかるように，人権を強く意識しているのがこの開発目標なのである。さらにいえば，すべての人の「人間としてもつべき権利」を保障するために17のゴールを掲げたともいえるのである。

　その17の目標は以下のとおりになる。

目標1　あらゆる場所で，あらゆる形態の貧困に終止符を打つ

目標2　飢餓をゼロに

目標3　あらゆる年齢のすべての人々の健康的な生活を確保し，福祉を推進する

目標4　すべての人々に包摂的かつ公平で質の高い教育を提供し，生涯学習の機会を促進する

目標5　ジェンダーの平等を達成し，すべての女性と女児のエンパワーメントを図る

目標6　すべての人々に水と衛生へのアクセスを確保する

目標7　手ごろで信頼でき，持続可能かつ近代的なエネルギーへのアクセスを確保する

目標8　すべての人々のための包摂的かつ持続可能な経済成長，雇用およびディーセント・ワークを推進する

目標9　レジリエントなインフラを整備し，持続可能な産業化を推進するとともに，イノベーションの拡大を図る

目標10　国内および国家間の不平等を是正する

目標11　都市を包摂的，安全，レジリエントかつ持続可能にする

目標12　持続可能な消費と生産のパターンを確保する

目標13　気候変動とその影響に立ち向かうため，緊急対策を取る

目標14　海洋と海洋資源を保全し，持続可能な形で利用する

目標15　森林の持続可能な管理，砂漠化への対処，土地劣化の阻止および逆転，ならびに生物多様性損失の阻止を図る

目標16　公正，平和かつ包摂的な社会を推進する

目標17　持続可能な開発に向けてグローバル・パートナーシップを活性化する
（国連広報センターウェブサイト「SDGs（エス・ディー・ジーズ）とは？　17の
目標ごとの説明，事実と数字」より）

　このように見ると，世界人権宣言の影響が感じられないだろうか。たとえば，
「目標2　飢餓をゼロに」は，世界人権宣言の労働の権利（第23条），労働にお
ける余暇の権利（第24条），そして社会保障の権利（第25条）に関連していると
考えられないだろうか。これらの権利が保障されなければ，人間は生活の糧を
得ることはできない。労働がなければ収入が得られないし，労働の機会がない
間は社会保障を受ける必要がある。これらが現実に守られていないという国際
社会の現状があるからこそ，国際連合はSDGsを定めるに至ったともいえるの
である。
　「一般常識」としてのSDGsを単なる「一般常識」ないし「流行語」で終わ
らせないためには，その根底にある国際社会の努力を知る必要がある。そして，
戦後の国際社会におけるその出発点といえるのが「世界人権宣言」なのである。

（4）国際連合は世界政府ではない，しかし…

　筆者は大学生時代に受講した「国際関係論」という科目のなかで，教授が
「国際連合は世界政府ではない」と仰ったことを今でも鮮烈に覚えている。
　それにはいくつかの理由があろうが，さしあたり筆者が考えうる範囲で2点
述べておきたい。
　第一に，世界で国家と認められている国や，いわゆる「地域」すべてが国際
連合に加盟しているわけではない，という事実である。日本の外務省によれば，
日本が国家として承認した196の国家のうち国際連合加盟国は193カ国である
（2021年3月現在）。また，そもそも多くの国々が「国家」として承認していな
い地域がある。したがって，国際連合が世界全体を統治することには制度上の
困難を伴う，ということになる。
　第二に，国際連合加盟国はそれぞれ自らの権利をもった独立国である，とい
うことがある。国際連合が決めることは，国際社会全体の方向性であり，安全

保障上の問題を除いては各国の国内問題にあまり立ち入ることはできないのである。

　以上の理由により，国際連合は世界を一様に統治できないので，「世界政府ではない」ということになるのであろう。

　では，国際連合に何の役割があるのか，という疑問が生じるのだが，国際社会全体の方向性を議論して決めていく，という点では国際連合は重要な機構なのである。方向性だけ決めても具体的な政策が決められないようでは…と疑問に思われる読者もいるかもしれない。しかし，それに対して「方向性がなければ政策決定が場当たり的になり，近視眼的になるのでないか？」という反論も成立しうる。目の前にある問題をとりあえず応急処置的に解決する，というのでは，歴史を経て制度や政策，そしてその結果の全体を見たときに何らかのひずみが生じていた，ということは少なくない。

　国際社会が一定の方向性を示し，その枠内で長期的に政策と制度を設計していく，ということは一見すると煩雑だが，国家が他国と協調して世界レベルの課題を解決していくためには必要不可欠な営みである。そして，その一つの例が世界人権宣言であり，それを21世紀の文脈で具現化したものがSDGsである，ともいえるのである。

2　人権条約

（1）人権条約とは何か

　世界人権宣言を根底として，さまざまな人権条約が定められている。人権条約とは，さまざまな人権を国際社会が保護するために，国々が同意した国際社会に対する「約束」を示したものである。

　社会には他者に比べて権利が十分に保証されていない人びとがいる。そうした人びとの人権を保障するために国際連合が制定するものが人権条約である。ただし，人権条約は，国際連合総会で制定されれば効力をただちに発揮するというものではない。

　まず，それぞれの国が条約に「署名」し，「私の国はこの条約を支持します」

表2-1 世界の主な人権条約

名称	採択年月日	締約国数	日本が締結している条約 （締結年月日）
自由権規約	1966.12.16	172	○（1979.06.21）
同第1選択議定書	1966.12.16	116	
同第2選択議定書（死刑廃止条約）	1989.12.15	86	
社会権規約	1966.12.16	169	○（1979.06.21）
同選択議定書	2008.12.10	24	
ジェノサイド防止条約	1948.12.09	149	
人身売買防止条約	1949.12.02	82	○（1958.05.01）
難民条約	1951.07.28	145	○（1981.10.03）
難民議定書	1967.01.31	146	○（1982.01.01）
無国籍者の地位に関する条約	1954.09.28	91	
無国籍の削減に関する条約	1961.08.30	73	
婦人参政権条約	1953.03.31	123	○（1955.07.13）
既婚夫人の国籍に関する条約	1957.01.29	74	
婚姻の同意・最低年齢・登録条約	1962.11.07	55	
女性差別撤廃条約	1979.12.18	189	○（1985.06.25）
同選択議定書	1999.10.06	109	
奴隷条約の改正条約＊	1953.12.07	99	
奴隷制廃止補足条約	1956.09.07	124	
人種差別撤廃条約	1965.12.21	179	○（1995.12.15）
アパルトヘイト禁止条約	1973.11.30	109	
スポーツ反アパルトヘイト条約	1985.12.10	72	
戦争犯罪時効不適用条約	1968.11.26	55	
拷問等禁止条約	1984.12.10	165	○（1999.06.29）
同選択議定書	2002.12.18	88	
子どもの権利条約	1989.11.20	196	○（1994.04.22）
子ども兵士禁止条約	2000.05.25	168	○（2004.08.02）
児童売買等議定書	2000.05.25	175	○（2005.01.24）
移住労働者の権利条約	1990.12.18	54	
障がい者の権利条約	2006.12.13	177	○（2014.01.20）
同選択議定書	2006.12.13	92	
強制失踪条約	2006.12.20	59	○（2009.07.23）

＊1926年国際連盟で締結された奴隷条約の改正条約
※選択議定書とは，既存の条約を補完するために，条約とは独立して作成される法的国際文書です。ある条約を批准・加入したら，選択議定書にも合意したことになるのではなく，個別に批准するかどうかを選択します。
※条約の名称は通称を使用しています。
※締約国数は2018年10月30日現在です。
出所）アムネスティ・インターナショナル日本 『アムネスティ世界人権宣言』。
　　　https://www.amnesty.or.jp/lp/udhr/

と国際社会に約束する。こうした国を「署名国」という。ついで，署名国は自国の法律を，署名した条約に適合するように改訂する。そして，条件が合えば，条約がその国で効力を発揮することになる。これを「批准」といい，条約を批准した国を「締約国」という。

　表2-1は，世界の主な人権条約と制定年，そして日本による締結の有無を示している。

　アムネスティ・インターナショナル日本がまとめた表2-1には31件の国際条約・議定書等が紹介されているが，このうち日本が締結しているものは14件であり，半数に満たない。この事実をどのようにとらえるかについてはさまざまな議論があろうが，少なくとも日本が国際的な人権法の遵守にきわめて積極的な国である，とはいいづらい。むろん，日本の法制度の歴史や国内制度の現状を考えると一概に「すべての条約を即時に批准すべし」とはいえないのかもしれないが，日本が人権を遵守する国家であると胸を張って国際社会に宣言するにはいまだ及ばないのではないだろうか。

（2）事例：障害者の権利条約

　本節では，事例として「障がい者の権利条約」*について考えてみよう。この条約は2006年に国連総会で採択された。その後日本は2007に同条約に署名し，約6年半の時を経て2014年に批准した。その年に同条約は日本において効力を発生した。

　　＊「障がい者の権利条約」はアムネスティ・インターナショナル日本による訳であり，日本政府仮訳における名称は「障害者の権利に関する条約（略称：障害者権利条約）」である。
　　本章では「しょうがい」の表記は，名称等の引用の場合には引用元に従い，それ以外においては「障害」と表記する。

　こうしてみると，「日本はずいぶん遅いな」と思われる読者もいるかもしれない。そうした面もあるかもしれないが，この期間は国内で入念な議論を重ねるために必要な時間だった，ともいえるのである。

この間，日本では2009年に当時の政権によって障がい者制度改革推進本部（2012年に廃止）が設置され，障がい者の権利条約を批准するための法整備について議論を積み重ねていた，ということもある。この会議には障害当事者も参加しており，国政における政策決定に当事者が関与した，という点では画期的なこととして一定の社会的評価を受けた。

　「障がい者の権利条約」の要は，「合理的配慮」という概念である。これは，ごく簡単に述べると障害者の社会参加にあたり過度の負担にならない範囲で障害者の特性に配慮する，というものである。この概念のもとになっているのは「障害の社会モデル」という考え方である。これまたごく簡単に述べると，障害は個人の側ではなく社会の側にある，という思想である。従来，障害は医学的見地から，個人の身体的な機能の制約としてのみとらえられ，それによる不利益の責任の所在を個人のみに置かれていた。ところが，英国や米国などにおける障害者たちのなかから，社会制度や文化的要因が障害のある人びとの社会参加を阻害している，と考える機運が高まり，社会変革を訴える運動が活発化した＊。それらの影響を反映させているのがこの条約であるともいえる。

　　＊この点については，杉野（2007）が詳しい。

　日本はこの条約を批准するために，「障害者基本法」を改正したほか，従来から障害者サービスを規定していた「障害者自立支援法」を「障害者総合支援法」に改正した。また，「障害を理由とする差別の解消の推進に関する法律」を制定することで，障害者に対する不当な差別の禁止を目指している。そして，そのほかの障害者福祉に関する法律の条文においても，「社会的障壁」という文言が加えられるなどしている。こうして，「障がい者の権利条約」の精神は日本国内の法律に一定は反映されているのである。

　このように近代国家において人権を保障するためには，国際社会の協調と，国内における入念な議論が不可欠なのである。それを支えるのが人権条約であり，条約を各国で有効にするための国際法の構造である，といえる。

3　日本における人権規定

（1）日本国憲法と生存権

　日本における人権規定の根幹をなす法律は，「日本国憲法」である。第二次世界大戦後，1947年5月3日に施行された。それでは，この憲法の精神は現実の日本社会においてどこまで具現化されているだろうか。

　2007年7月10日，福岡県北九州市で男性の遺体が見つかった。そこには日記があり，「働けないのに働けと言われた」「おにぎりが食べたい」，などと書かれていたという（読売新聞東京朝刊，2007年7月12日）。戦時中の日本においては食糧不足で白米を食べることすら庶民には難しく，白飯が「銀シャリ」と呼ばれ尊重されていた時代もあった。しかし，21世紀にいわゆる「経済大国」の一つとなった日本においてそうしたことが発生しうるのか，ということで物議をかもした。つまり，物質的・経済的に豊かなはずの日本という国において，店舗に行けばさほど高くないと思われる値段で買えるはずのものを食べることすらままならないなんて，という驚きだったのである。

　このことは，経済格差の拡大などによって日本国憲法第25条に定められたいわゆる「生存権」が脅かされていることを示している。第25条には次のように書かれている：

第25条　すべて国民は，健康で文化的な最低限度の生活を営む権利を有する。
②　国は，すべての生活部面について，社会福祉，社会保障及び公衆衛生の向上及び増進に努めなければならない。

　第1項を見ると，「健康で文化的な最低限度の生活」とある。「健康」とは何なのか。「文化的」とはどういう意味なのか。「最低限度」の水準はどこにあるのか…。そうした議論もあるが，少なくとも「栄養がとれなくて餓死する」というのでは上記の条文における権利が保障されているとはいい難い。また，2項目には，日本国民の生存権を保障するために政府に定められた責務が述べられている。餓死が現実に起こっているとすれば，国家が国民の権利保障のため

の施策の確立とその実行を怠っている，といわざるを得ない。

（2）日本国憲法第三章における「人権」

　日本国憲法には国民の権利が定められた条文が数多くある。日本国憲法の三本柱は「国民主権」，「基本的人権の尊重」，そして「平和主義」であるが，本節では，「基本的人権の尊重」について「国民の権利及び義務」を定めた第3章を中心に読んでいきたい。第11条から第40条までがこれに該当する。

　まず，第11条と第12条を見ていこう。第11条では，基本的人権の保障について示され，第12条ではそれを保障されるための日本国民の責任について述べられている。

> 第11条　国民は，すべての基本的人権の享有を妨げられない。この憲法が国民に保障する基本的人権は，侵すことのできない永久の権利として，現在及び将来の国民に与へられる。
>
> 第12条　この憲法が国民に保障する自由及び権利は，国民の不断の努力によつて，これを保持しなければならない。又，国民は，これを濫用してはならないのであつて，常に公共の福祉のためにこれを利用する責任を負ふ。

　日本国憲法は，国民は生まれながらにして権利をもっているという「自然権」の考え方に立っているのだが，それを保持するためには「不断の努力」（第12条）が必要であることを明示している。つまり，人権は放置しておいても守られるという性質のものではなく，それを守るための責任があるということになる。以下，人権に該当する条文を要約する。日本国憲法全文はインターネット上で読むことができるので（文献欄に URL が記載されている），手元においてぜひ読んでみてほしい。

> 幸福追求権（第13条）
> 法の下の平等（第14条）
> 参政権と公務員に関する権利（第15〜17条）
> 自由権（第18条〜第24条）
> 　奴隷的拘束を受けない権利（第18条）

思想及び良心の自由（第19条）

信教の自由（第20条）

集会，結社及び言論，出版その他一切の表現の自由（第21条）

学問の自由（第23条）

婚姻の自由（第24条）

生存権（第25条）

教育権（第26条）

勤労の権利と義務（第27条）

勤労者の団結する権利（労働団結権）（第28条）

財産権（第29条）

納税の義務（第30条）

法の下の保護（第31条）

裁判を受ける権利（第32条）

令状なき逮捕の禁止（第33条）

理由なき抑留・拘禁の禁止（第34条）

侵入，捜索及び押収を受けない権利（第35条）

公務員による拷問及び残虐な刑罰の禁止（第36条）

刑事事件において公開裁判を受ける権利（第37条）

自己に不利益な供述を強要されない権利（第38条）

遡及しての刑事責任の回避（第39条）

無罪判決後の補償を求める権利（第40条）

（3）教 育 権

　こうしてみると，さまざまな権利が網羅されている。特に，本節では「教育権」について見てみよう。第26条には以下のように定められている。

> 第26条　すべて国民は，法律の定めるところにより，その能力に応じて，ひとしく教育を受ける権利を有する。
> ②　すべて国民は，法律の定めるところにより，その保護する子女に普通教育を受けさせる義務を負ふ。義務教育は，これを無償とする。

　端的にいえば「教育権」とは学校等で「教育を受ける権利」である。教育を

通して社会生活において必要な知識と技能を身に付けることは重要であり，日本国憲法はその権利を保障している。憲法の下で「学校教育法」などの法律があり，教育に関するさまざまな法律上の定めがある。

　ところで，「義務教育」という言葉がある。時々誤解されるのだが，「義務教育」は「子どもに教育を受けさせる義務」のことであって「子どもが教育を受ける義務」ではない。日本においては小学校と中学校が「義務教育」の対象であるが，なんらかの理由で不登校になった子どもは違憲なのか…という疑問が生じうる。「義務教育」を「教育を受ける義務」としてとらえてしまうと，子どもは責めを負わなければならなくなる。そういうわけではなく，むしろ重要なことは，その子どもの親が義務を果たすことができるように，学校現場と子ども，そしてその親が対話を積み重ねなければならないということになる。たとえば，ひょっとしたらその子どもにとって適している学校は，その時点で在籍している学校ではなく，別の学校ということになるのかもしれない。たとえば，子どもが地元の公立中学校に通えないならば，別の方法で「義務教育」を受ける道を探るべきである。それはひょっとしたら「転校」かもしれない。このように，人間が日本国憲法に定められた権利を享受し，義務を守ることができるようにするための制度を整えることも国家の責任であるし，そのための立法や制度設計を促すための参政権である，ともいえる。

（4）「新しい権利」と憲法改正の是非

　近年，社会環境や国際情勢の変化に伴い，「現行の日本国憲法では保障できない権利があるのではないか？」との議論がなされることがある。たとえば，良い環境のなかで生活を営む「環境権」や，個人情報が適切に保護される「プライバシー権」などである。そして，それらの「新しい権利」を具現化するためには憲法を書き換えなければならない，という議論がある。

　本章が執筆されている時点では，日本国憲法は一度も改正されたことがない。世界に目を転じると，いくつかの国では憲法が幾度となく改正されているという事実がよく引き合いに出されるが，そのことに影響されて「日本も憲法を改正すべきである」と主張するのは性急である。むしろ，新しい権利は現行の憲

法の精神を究極的に突き詰めることで保障しうるものなのか，あるいは新しく権利を書き加えることによる改憲が必要なのかについて，まずは私たちがしっかりと考え，議論を積み重ねる必要がある。

4　「世界」と「わたし」のつながり

　本章では，まず世界人権宣言について学び，次いで国際連合の人権条約，そして日本国憲法における人権の位置づけについて学んだ。政治，法律，そして政策というものは，日常生活の忙しさに向きあっている私たちにとっては遠いものと思われがちである。「お任せ民主主義」という言葉に代表されるように，政治や政策は政治家ないし公務員が決めるものであって，一般市民が自分事としてとらえるのは難しい，と思っている人も多いのかもしれない。

　しかし，私たち（とその家族）は自分の住む国に何らの形で税金を払い，それによって成立している国家における政治についても，その国に国籍をもつ者は「選挙権」という形で一定の権利を保障されている。少なくとも，日本を含む民主主義国家ではそのようになっている。すると，政府にいる人びとが私たちの権利をどのように考え，それをどのような形で保障・制限しているのかについては無関心ではいられないはずなのである。

　そうした意味では，国際連合が定めた世界人権宣言の条文，さまざまな人権条約，そして日本国憲法をいま一度見直すことは，日本に暮らす人びと（「日本人」に限らない）にとって必要不可欠な教養なのである。

｜学 習 課 題｜
1．SDGs の目標を一つ選び，その目標が世界人権宣言のどの条文に関係しているか話しあってみよう。
2．日本国憲法第3章を読み，現実社会で守られていない権利がないか確認し話しあってみよう。

引用・参考文献

アムネスティ・インターナショナル日本（n.d.）「世界人権宣言って何だろう？」．

https://www.amnesty.or.jp/human-rights/what_is_human_rights/universal_declaration.html
アムネスティ・インターナショナル日本（n.d.）「アムネスティ世界人権宣言」.
　　https://www.amnesty.or.jp/lp/udhr/
外務省（n.d.）「世界人権宣言と国際人権規約」.
　　https://www.mofa.go.jp/mofaj/gaiko/udhr/kiyaku.html
外務省（2021）「世界と日本のデータを見る（世界の国の数，国連加盟国数，日本の大使館数など）」.
　　https://www.mofa.go.jp/mofaj/area/world.html
国際連合広報センター（2019）「SDGs（エス・ディー・ジーズ）とは？　17の目標ごとの説明，事実と数字」.
　　https://www.unic.or.jp/news_press/features_backgrounders/31737/
国際連合広報センター（n.d.）「世界人権宣言テキスト」.
　　https://www.unic.or.jp/activities/humanrights/document/bill_of_rights/universal_declaration/
国立国会図書館（2004）「日本国憲法の誕生」.
　　https://www.ndl.go.jp/constitution/
杉野昭博（2007）『障害学——理論形成と射程』東京大学出版会.
「日本国憲法」.
　　https://elaws.e-gov.go.jp/document?lawid=321CONSTITUTION
読売新聞「生活保護辞退，52歳男性が孤独死／北九州」2007年7月12日（『ヨミダス歴史館』）より.

（宮崎康支）

第3章

子どもと人権

　あなたは「子どものうちは，大人に従いなさい」「子どもだからわからないでしょ」などと言われたことはないだろうか。そして，子どもだったあなたは，言いたいことを我慢したり，やりたいことをあきらめたことはなかっただろうか。学校生活においては，子どもの意見が反映されている校則はほとんど存在しない。子どもの関与なく大人が作った校則を「破った」などの理由で，過度の「指導」を受け，その後自死した事件が，平成の間だけで73件発生している（木村 2018）。また，学校生活での「いじめ」による自死もあとを絶たない。日本の社会では，「個性の尊重」を謳ってはいるが，子どもの意見を反映し物事を進める姿勢は見えづらい。

　本章では，子どもの権利と人権について「子どもの権利に関する条約」を基本に考える。まず，条約が成立した背景・内容・条約の遂行促進のためのシステムについて学ぶ。そして，私たちの身の回りにある「子どもの人権問題」について考える。最後に，子どもが「権利主体」として生き抜ける社会にするために，大人は何をしなければならないのか考えていきたい。

1　子どもの権利条約

（1）「子ども観」の変遷

　「児童の権利に関する条約」（「子どもの権利条約」）が誕生するまでは，社会にとって子どもは，どのような存在だったのか。社会のもつ「子ども観」は時代ごとに変化してきた。近代以前では，子どもは子どもとしてではなく「小さな大人」として見られていた。そのため，自分で日常のことがこなせるようになると，子どもは「労働力」としてみなされた。

日本でも同様で，明治期に入るまでは子どもに対する教育の義務はなかった。そして，初等教育が義務化されたのは明治期からであるが，実際には，初等教育を終えた子どもは働き始め，高等教育に進む子どもは少なかった。また貧窮家庭では，初等教育を終えることもできず，親が決めたところへ住み込みで働きに出るということもあった。

　このように，近代以前の社会では，子どもは一個の権利主体ではなく，大人あるいは親の所有物のように見なされ，扱われてきた。こうした「子ども観」に変化が生じたのは，17世紀のヨーロッパからであった。スイスの思想家，ジャン・ジャック・ルソー（1712-1778）が，1762年，『エミール』を著し，「子どもは大人ではない。子どもは子どもである」と，当時としては画期的な「子ども観」を打ち立てた。

　ルソーの思想に強い影響を受けたのが，教育実践家スイスで孤児・貧民の子どもへの教育に生涯を捧げたヨハン・ハインリッヒ・ペスタロッチ（1746-1827）である。自分が理想とする「愛」と「直観」をベースにした幼児教育を打ち立てた。そのペスタロッチの思想と実践に感化されたのが，「幼児教育の祖」と呼ばれる，フリードリヒ・フレーベル（1782-1852）である。この二人の子ども観とそれに基づく実践は，現在でも幼児教育に大きな影響を及ぼしている。

　1900年，スウェーデンの社会思想家であるエレン・ケイ（1849-1926）が『児童の世紀』を著し出版した。その著のなかで，「子どもが幸せに暮らせる社会を作ること」を目指すべきだと主張した。エレン・ケイの主張は，児童中心主義と呼ばれ，幼児教育者にとって，バイブル的な存在となった。その影響は，1909年，ルーズベルト大統領による「白亜館会議宣言」にて，初めて児童の権利について言及することにつながった。子どもの権利を尊重する動きは，第1次世界大戦が起こったことで中断されたが，終戦後の1923年，子どもの権利を促進するための「ジュネーヴ宣言」が発表された。

　1939年から1945年にかけ，第二次世界大戦が起こり，戦場となった多くの国々に暮らす人びとは生活だけでなく命をも奪われていく時期を余儀なくされた。1945年，ようやく戦争は終結した。そして，世界平和と安全の維持，福祉

増進のための国際協力を目的とする「国際連合」がつくられた。1948年，戦争の反省をもとに「世界人権宣言」が国連総会で採択され，1959年，子どもを保護する対象としての視点であった「ジュネーヴ宣言」を拡張させた「子どもの権利宣言」が国連総会で採択された。

　1989年，子どもを「保護される存在」だけでなく「権利主体の存在」としてとらえ，その権利を守るために新たにつくられたのが，「子どもの権利条約」なのである。

（2）子どもの権利条約の誕生「ポーランドの願い」

　「子どもの権利条約」の誕生のきっかけは，ポーランドが大きくかかわっている。ポーランドでは，第一次世界大戦と第二次世界大戦という2つの大きな戦争で，何百万人もの子どもたちが犠牲になった。また，国を追われ，家族，親戚とも引き離された子どもの数も多かった。自国での犠牲者が多かっただけでなく，第二次世界大戦下のポーランドでは，ナチスによる強制収容所が置かれ，ヨーロッパ各地，特にドイツから，何百万人ものユダヤ人の大人と子どもがすべてを奪われ，強制的に連行されてきた。彼らは強制労働と劣悪な環境のなかで命を落とした。そして，労働に耐えられない者たちは，ガス室に送り込まれ大量殺りくがおこなわれた。ポーランド政府としては，自国が人権蹂躙の果て流血の地となったことで，二度と人権を侵害せず，子どもたちの人権を尊重し，いのちを守る国際的なルールを設けたいと願い，1979年「子どもの権利条約草案」を国際連盟に起草したのである。

　この草案を条約にするために，国際連合の人権委員会などが中心に動いた。しかし，さまざまな国の合意を得ることは難しく，起草から成立するまで10年の歳月がかかったのであった。ようやく，1989年第44回国際連合総会において，子どもの権利条約が採択された。この時，この条約を採択した国は，159か国であった。ユニセフの調べによると2021年現在では，この条約に署名，加入，批准をしている国は196カ国であり，その数は，国際連合加盟の193カ国を上回る。子どもの権利条約は，人権条約のなかで最も広く受け入れられているのである。日本が「子どもの権利条約」に署名したのは1990年であるが，批准した

年は，1994年であった。

　「子どもの権利条約」は，子どもの育み，保護，成長，権利について，紆余曲折を経てできたものである。何よりも戦争など外的現象による多くの犠牲者を二度と出さないよう，子どもの命と尊厳を守り，子ども自身が輝けるよう願いを込めて，多くの国々との共通ルールとしてできた条約なのである。

（3）子どもの権利条約と子どもの権利委員会

　「子どもの権利条約」は，ポーランド政府が草稿を作成し，国連人権委員会を中心に約10年をかけて国際連合加盟国の共通ルールとなるよう調整してできた条約であることは先に述べた。この項では，「子どもの権利条約」の内容について述べる。

　この条約は，3部構成で54条の条文で成り立っている。

　第1部は，「子どもの権利」について，第1条から第41条まである。その内容は，「生存する権利」「発達する権利」「保護される権利」「参加する権利」の4つにに分けられている。これまでの子どもの権利についての考え方と違う点は，子どもは守られるべき存在だけでなく，子ども自身を権利主体として，その意見を主張し，聞き入れられ，活動などに参加する権利があることが明記されていることである。これらの分類は「子ども権利条約」の「4つの柱」と呼ばれている。

　第2部は，保護者，大人，国が，子どもに果たすべき「義務」について，第42条から第45条で構成されている。第3部は，報告義務，効力，改正など事務手続きについて第46条から第54条まである。そのなかでの重要な条文として，「子どもの権利条約」について，広く「広報をする義務」が明記されている。

　「子どもの権利条約」の正式な条文は，英語のほかアラビア語，中国語，フランス語，ロシア語，スペイン語で著されている。この条約に批准した国は，国連の「子どもの権利委委員」に，自国の「子どもの権利」を守り推進する対策の実施について，定期的に報告する義務が課せられる。

　「子どもの権利委員会」は，条約が締結された翌年に設けられた国際連合の組織である。「子どもの権利条約」に批准した国が，子どもの権利を守る活

動・制度・対策をとっているのか，報告をうけ，提言をおこなっている。批准
したばかりの国は，2 年以内に自国の対策状況について，「子どもの権利委員
会」に報告書をあげる。その後は，5 年ごとに報告書をあげ，提言をうける。

　「子どもの権利委員会」は，審査対象となる政府による報告書だけではなく，
その国で活動する NGO，NPO 団体などからの報告書なども参考にして提言を
おこなっている。

（4）権利主体としての子どもの活動

　「子どもの権利条約」は子どもの「生きる権利」「守られる権利」「育つ権利」
「参加する権利」を保障し，子どもを「守るもの」としてだけでなく，「権利を
もつ主体」としてとらえていることが特徴である。この項では，権利主体とし
て活動している例を 2 つ挙げる。

　まず，パキスタンの人権活動家，マララ・ユスフザイ（1997-）である。パ
キスタンでは，武装勢力タリバンが支配を行い，イスラムの教えとして，女
性・子どもには教育はいらない，と女子学校を破壊していく，という惨状であ
った。しかし，彼女は，女性・子どもの教育は必要だと抗議の発信をおこない，
タリバンにより禁止された通学を続けた。2012年，彼女は，通学途中にタリバ
ンによって襲撃され頭に銃弾を受けた。瀕死の重傷を受けた彼女は，イギリス
で治療を受け奇跡的に回復した。回復後も圧力に屈せず，女性・子どもの人権
を守るために声をあげる活動を続け，2014年，史上最年少の17歳でノーベル平
和賞を受賞した。しかし，2021年現在も武装勢力タリバンによる弾圧は続き，
その地域を広げている。

　次に，スウェーデン人であるグレタ・トゥーンベリ（2003-）である。彼女
は，スウェーデン政府が気候変動をもたらす炭素削減対策をしないことに抗議
し，国会前で一人で座りこみを始めた。そして，毎週金曜日，学校をストライ
キし，国会前で脱炭素社会への取り組みを促すスピーチ活動をおこなった。彼
女の活動は「フライデーズ・フォー・フューチャー」（未来のための金曜日）
と呼ばれ，世界中の多くの高校生が同じような活動を始めた。2019年，国連気
候アクション・サミットにおいて，15際のグレタは，環境保護について演説を

おこなった。

　このふたりの活動は，子どもが権利主体として，社会に自分の主張を発信するだけでなく，それにより状況を変え得ることを証明している。彼女たちは，人として特別に強かったからできた，と思うのではなく，誰もがこのふたりのように自分の考えを発信できるとともにその意見を尊重してもらえる社会づくりが必要である。

2　子どもの権利擁護

（1）行政での取り組み

　子どもが自分の思いを発信したり，活動に参加したりおこなうことが，容易にできる社会づくりへの取り組みの一つが，子どもの権利擁護である。この節では，子どもの権利擁護について，行政での取り組み，子どもオンブズマンの取り組み，子どもアドボカシーの取り組みの状況を述べる。

　わが国の行政における子どもの権利擁護の取り組みは，法務省，厚生労働省，文部科学省などの省庁が中心となっておこなっている。法務省では「子ども人権110番」「子どもの人権SOSミニレター」などの相談窓口を開設している。文部科学省は，「子どもSOS相談室」を開設している。厚生労働省は，児童虐待防止のための対策を講じるとともに「児童虐待防止法」を施行し，虐待されている子どもの一時保護や入所措置，関係機関との連携などに弾力性をもたせている。

（2）子どもオンブズマンの取り組み

　「オンブズマン」という耳慣れない言葉は，スウェーデンの言葉で「代弁者」という意味である。自分の権利をうまく主張できない人に代わって，受けるべき権利を主張し，権利の行使をすることである。

　「子どもオンブズマン」は，弁護士が「オンブズパーソン（子どもの代弁者）」として子どもの人権被害などの救済活動をおこなう制度である。弁護士の他に相談員が，子どもや保護者，関係者からの相談を受けている。相談員は，

相談内容により関係機関と連携をとり，相談事案について調査をおこなっている。

　日本における初の「子どもの人権オンブズパーソン」は，1999年，兵庫県川西市において，市長の附属機関として行政からの独立性を確保して設置された。2021年3月，筆者は，川西市「子ども人権オンブズパーソン」の事務局を訪問し，最近の相談の傾向についてインタビューをおこなった。

　訪問した時点での事務局は，弁護士であるオンブズパーソンが3人，元校長，子どもの居場所の主催者，医師などの専門員と相談員など10人で構成されていた。相談員Hさんは，何よりも子どもに寄り添い，子どもの話を徹底的に聞くことを大事にしている，と話してくれた。開設当初は，いじめ，体罰など主訴がはっきりしているものが多かったが，最近は多くの要因が複雑に絡むケースが増えてきたので，かかわる期間が長期化しているそうだ。

　相談員Hさんは，どのように，権利主体としての子どもの相談に対応しているのか，Hさんの話を引用する。

　　相談の始めは，電話が多いです。保護者からの相談もありますが，なるべく当事者である子どもとの面談を行い，親の言うことではなく，子どもを中心に問題解決に動くようにしています。親の主観に振り回されないためにも，親と子は，別々で面談を行い，両方の話は，それぞれの了解を得ない限り，勝手に伝えることはしません。最近の相談内容は，コロナ禍の影響で，家庭で過ごす時間が増えたことで，「家庭生活」「家族関係」についての相談が増えました。親に精神疾患があり，どう接したらいいか困っている，一緒にいる時間が長くなり，家族関係が悪くなった，などの内容が多くなっています。不登校相談は，「ステイホーム」中は，相談は減りましたが，解除と共に増えています。年齢の低い子どもについては，保育園などの職員から，園の子どもへの対応についての相談が増えています。これから先生になる学生には，子どもへの対応でおかしいな，と思うことがあれば，「子どもオンブズ相談室」に相談してほしいですね。

「子どもオンブズマン」を設置している自治体は，川西市のほか，全国で67か所であるが，その数は，全国の自治体の４％でしかない（行政管理研究センター 2016）。設置数が少ない点については，国連「子どもの権利委員会」での審査においても指摘されている。権利主体としての子どもを尊重する社会づくりのためにも，子どもの権利擁護の仕組みである「子どもオンブズマン」制度の普及は必要である。

（3）子どもアドボカシーの取り組み

　日本における子どもについての法律は，1947年に施行された児童福祉法が最初である。子どもを保護する対象としての法律であったが，2016年児童福祉法改正の際「子どもの意見が尊重されること」，が書き加えられた。そのため，子どもの権利擁護の活動が活発化することなった。

　まず，着手されたのが，社会的養護の分野である。社会的養護とは，保護者のない児童や，保護者に監護させることが適当でない児童（18歳未満の子ども）を，公的責任で社会的に養育し，保護するとともに，養育に大きな困難を抱える家庭への支援をおこなうこと（厚生労働省）である。全国で社会的養護下にいる子どもは，４万5000人いるといわれている。経済的理由などで入所する場合もあるが，最近増加しているのが，児童虐待による入所である。

　子どもが児童養護施設に入所するには，児童相談所の入所判断が必要になる。児童相談所は，入所が必要な子どもをまず一時保護をおこなう。一時保護とは児童相談所の判断で子どもを家庭から一時的に保護することである。近年は虐待により，子どもの安全が保障されず，緊急に一時保護を実施するケースが増加している（図３-１参照）。保護された子どもは，児童相談所に設置されている「一時保護所」という附属施設で，原則最大２か月間，生活する。

　児童相談所は，その間に必要な調整を図る。児童虐待により，緊急一時保護を実施した場合，保護者が環境改善を約束し，地域との調整ができると，子どもは家庭に戻ることもある。しかし，そうでない場合は，児童養護施設で社会的養護となる。児童養護施設の選択は，子どもの状態や施設の状況などを踏まえ，児童相談所が決定する。そこには，子どもの意思は反映されることは少な

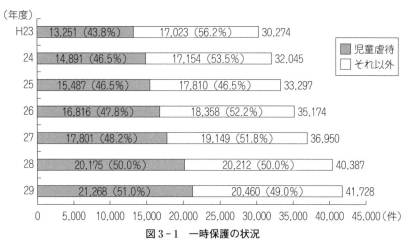

図3-1　一時保護の状況

出所）厚生労働省「児童虐待防止対策の状況について」。

いのが現状である。

　この現状に対して，「子どもアドボカシー」の活動は，児童養護施設などに出向いて，子どもの声を聴き取り，子どもの思いや子どもの願いを実現できるよう活動をおこなっている。以下は，子どもアドボケイトによる「子どもの権利擁護」活動の事例である。

事例　児童養護施設入所中のAさんへのアドボカシー活動

　Aさん（15歳）
　Aさん父
　Xさん（子どもアドボケイト団体）

　Aさんの母親は，Aさんが小学校に入る前に病気で亡くなり，それ以降，Aさんの父がひとりで子育て，家事，仕事をこなしてきた。しかし，Aさんの父は，酒癖が悪く，夜中にAさんを叩き起こして，怒りだすことが多く，学校への送り出しができないことがあった。
　Aさん親子の様子は，小学校の教員，地域の民生委員，役所の子育て支援課などが，面談や訪問などを行い適宜必要なアドバイスなどをおこなってきた。家庭生活で十分出来ない部分は，学童保育の指導員がフォローをした。Aさんは，学

校生活と学童生活を通して，大勢とおしゃべりをしながらおやつを食べたり，友達との交流などの経験をした。

　Aさんが小学校6年生の時に，泥酔した父親からの激しい体罰がもとで，児童相談所に一時保護された。Aさんが一時保護所で過ごす間，児童相談所はAさんの父親と養育の改善について話し合った。Aさんの父は，児童相談所の担当ワーカーのすすめで，酒量を減らすことに取り組むため，初めて受診するとアルコール依存症と診断され，治療入院することとなった。家庭での養育が見込めないAさんは，児童養護施設に入所することとなった。

　Aさんは，まったく土地勘のない地域の児童養護施設に入所した。施設職員の指導のもと，見知らぬ土地での生活に順応し，地域の中学校に通学した。Aさんは，高校進学にあたり，施設職員に相談したかったが，多忙そうであり，言い出しにくく感じていた。

　そんな時，「子どもアドボケイト」という子どもの話を聞いてくれる人が，施設にやってくることを知り，Aさんは，「子どもアドボケイト」の人との面談を希望した。

　　Xさん（子どもアドボケイト）：「Aさん，施設の人や児童相談所の人に言いにくいことでも話してくれる？　私たちは，あなたの力になりたいし，あなたがやりたいことを応援するために来ているのですよ。」

　　Aさん：「私はずっと父からひどい暴力を振るわれていたのを，児相に助けてもらったし，施設の先生方もよくしてくれてるんですけど，私，このままだとこの地域の高校に進学しそうだけど，地元に帰って，私立の高校を受験したいんです。私，小さい時から行きたいと思ってた高校なんです。でも，ここの先生方は，家には当分帰らない方がいい，というので，言い出しにくくて…」

　　Xさん（子どもアドボケイト）：「Aさんの気持ちはよくわかりました。あなたに代わって，児童相談所の担当ワーカーと話をしてみますね。そして，できるだけあなたの希望が実現するように努力してみます。」

　「子どもアドボケーター」は担当ワーカーと話し合いをもち，Aさんの希望を伝えた。児童相談所としては，Aさんの父親は，アルコール依存から回復しておらず，Aさんとの生活はまだ難しいと判断していた。しかし，子どもアドボケーターとの話し合いとAさんの希望を尊重するため，志望校である私立高校に合格したら，通学可能な地域の里親のもとで生活することを提案された。

　この事例は，子どもアドボカシー活動の取り組みの一端である。実際に子どもアドボケイト活動をおこなう団体は，自分の意思を表現できる子どもだけでなく，表現の力が乏しい乳幼児の意思も大切にしたいと考え，活動している（堀 2020）。「子どもアドボカシー」の活動は，社会的養護の子どもたちを対象に活動を始めているが，今後は，一般の子どもたちを対象とした権利擁護活動の幅を広げることが期待される。

3　子どもの人権問題の現状と課題

（1）現代日本における子どもの人権問題

　日本社会は，先進国の一つであり，飢餓，戦争，紛争，などの問題はなく，戦争の永久放棄，基本的人権の尊重が謳われている社会である。しかし，「子どもの人権」に関しては，どうであろうか。厚生労働省と警察庁が発表した2020年の自殺者数は，前年より4.5％増加した。そのうち，小中高生や大学生らは，前年より17％増加，1039人で，統計を開始した1978年以降，最多である，と報道された（読売新聞 2021）。このことは，子どもたちにとって，現代の社会は，悩みに苦しむ時に居場所がなく，いじめ，虐待などにより人権を蹂躙され，命が脅かされる社会であるといえるのではないだろうか。

　また，児童虐待ケースも年々増加している（図3-2参照）。2019年には，千葉県野田市で，小学4年生の女児が小学校でのアンケートに，父親から虐待されていることを相談していたにもかかわらず，死に至った事件が起きた。この事件は，かかわる大人が，子どもの側にしっかりと立っていれば防ぎ得たかもしれない。

　このように，一見平穏な社会のようではあるが，私たちの身の回りの子どもの人権問題は，子どもの命が危機的状況におかれている現状なのだ。

（2）ヤングケアラー問題

　日本における子どもの人権問題は危機的状況にあると述べた。この状況に加え，超少子高齢社会では避けられない「介護」問題から起きる「ヤングケアラ

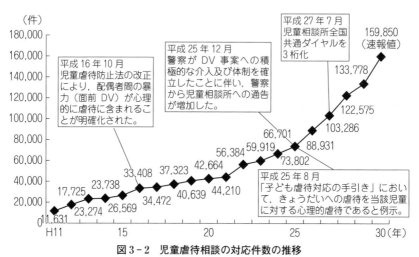

図3-2 児童虐待相談の対応件数の推移

出所）厚生労働省「児童虐待防止対策の状況について」。

ー」事例について述べる。

　ヤングケアラーとは，家族の介護などを担う18歳未満の子どものこと（澁谷2018），と定義されている。次の事例を読み，家事・家族の介護などを担うことがなぜ人権問題なのか考えたい。

事例　ヤングケアラー

家族構成

　　母（33歳）

　　Bさん（11歳）

　　妹（9歳）

　Bさんの母親は離婚後，収入のため働くことを優先し，小学校5年生の長女Bさんに家事をまかせるようになっていた。Bさんは，朝早く起床し朝食を作り，母親を送り出し，そのあと，自分と妹の登校準備をして学校へ行く，という生活をしていた。しかし，朝の準備や送り出しは，成人した大人でも大変なことだ。次第にBさんは，妹を登校班に送り出しても，自分は間に合わないことが多くなった。

　そのうち母親は，Bさんが家事をこなすことが当然のことのように思うようになり，洗い物や洗濯などができていない時は，「役立たず，家から出ていけ」な

ど容赦なく怒鳴りつけるようになった。Bさんは，母親から叱責されないよう，友達が遊びに誘っても仲間に入らず，放課後はすぐに帰宅して家事をする日々だった。そのうち，学校での学習にもついていけなくなり，友人との疎外感が強くなっていった。

担任は，Bさんがひとり親家庭なので，気にかけてはいたが，「宿題や持ち物を忘れる児童」として「指導対象」としていた。そのためBさんは，ちゃんとできないのは自分が悪いからだ，と思い，担任に家庭での様子を話すどころではなくなった。

ある日，Bさんは，妹がぐずったため学校の送りだしに間に合わず，姉妹で休んでいたところに，仕事から早めに帰宅した母親に責められ，罰として，傘で身体を何度も叩かれた。その泣き声は近所に響き，通報をうけた児童相談所職員によりBさんは一時保護された。

この事例は，一見したところ「児童虐待」に見え，母親の養育態度の改善が必要と見られる。しかし，その見方だけでは問題は改善しない。母親がそうなってしまった背景に視点を置き，母親が生計を立てていることでBさんが家事負担を担っている，という部分にたいして，社会資源を活用して改善の手立てを考える必要がある。

ヤングケアラー問題を知らない教員の目には，Bさんのような子どもは「休みがち」「遅刻が多く持ち物がそろわない」「生活態度がルーズ」，と映りがちである。「指導」をしても改善が見られず，「怠惰な子ども」「不真面目な態度」などと思い込み，不適切な指導に発展する恐れがある。また，母親に対しても「態度を改めてください」という注意で終わってしまう恐れがある。

日本には「家のなかのことは家族で解決する」という伝統的価値観があり，家事・介護などをおこなうことを「家族だから当たり前」との価値観が根強い。そのため，ヤングケアラーとなった子どもの，受けるべき権利，守られるべき権利が，「家事・介護」を託されたことにより侵害されていることに無自覚なのである。教員をはじめとする子どもにかかわる専門家は，ヤングケアラーの問題について知り，対応を考える必要がある。

さらに2020年から世界中に蔓延しているコロナウイルスへの感染防止のため，「ステイホーム」が推奨されたことで，家事・介護・家族の世話を過度に担う

子どもが増えていると考えられる。同時に，超少子高齢社会で，介護の社会化が構築され，介護保険を基本とする介護サービスが導入されているが，それでは補えない部分を，外で働く稼働世代に代わり，子どもが介護を担う事案も増えると考えられる。

　したがって，ヤングケアラー問題について知り，社会資源を活用した支援システムを構築することは，子どもの人権を守るためにも大事なことなのである。また，この問題は子どもの権利侵害だけでなく深刻な児童虐待につながるので，支援構築を急ぐ必要がある。

（3）現代社会における子どもの人権に関する課題

　本章では「子どもの権利条約」について学び，「権利主体」として世界に影響を与える子どもの活動例を示した。その一方，子どもの人権を擁護するシステムは十分に構築されておらず，子どもがその権利を十分に保護されていない現状も示してきた。

　今，この瞬間にも，子どもへの人権侵害は起きている。ユニセフによると，世界では，約3億300万人の子どもたちが，学校に通っておらず，その3割が紛争や自然災害の影響を受ける国にいる。また，過酷な児童労働を強いられている子ども，少年兵にさせられた子ども，児童婚など児童買春の対象になっている子どもなど，悲惨な現状を生きる子どもは数知れない。

　日本の社会においても，保護者による児童虐待で命を奪われる子ども，ネットによる誹謗・中傷に悩む子ども，学校教育現場での行きすぎた指導・体罰・性虐待，いじめに苦しむ子ども，児童買春，児童ポルノ，JKビジネスなどでの搾取，外国人差別，性差別，性的少数派への差別，障害による差別，人種・民族・地域差別，貧困による格差差別，不登校，ヤングケアラー，社会的養護の子どもたちなど，人権が脅かされている子どもたちは数多く存在する。

　私たちは，これらの問題に目を背けずに立ち向かい，子どもの権利を擁護していきたい。同時に，子ども自身が，自分の権利を知り，自分が権利主体であるという自覚をもつ必要がある。その手始めとして，子どもが権利とその行使について学ぶ「権利学習」が重要である。また，社会においては，子どもが権

利主体として，意思を表明し活動を起こし，または活動に参加できる日常を創りだしていきたい。そうすることが「子どもの権利条約」批准国に生きるわたしたち大人の務めではないだろうか。

【学 習 課 題】

1．「子どもの権利条約」の全文を読み，子どもがこの条約を理解し，権利主体者として自覚をもつための「権利学習プラン」を考えてみよう。
2．本章で学んだ子どもへの人権問題のうち，気になる問題の現状と対策について調べてみよう。

引用・参考文献

一般社団法人　行政管理研究センター（2017）「地方公共団体における公的オンブズマン制度の実施把握のための調査研究　報告書」.

木村草太編（2018）『子どもの人権をまもるために』晶文社.

木全和巳（2017）『子どもの権利とオンブズワーク』かもがわ出版.

子どもの権利条約を進める神戸の会　子どもの権利・神戸　『第4・5回国連へ，神戸からの基礎報告書　子ども達の「今」をどうするか　神戸・子ども白書2017』子どもの権利条約を進める神戸の会.

厚生労働省「児童虐待防止対策の状況について」

産経新聞「タリバン9州都制圧」2121年8月12日.

澁谷智子（2018）『ヤングケアラー──介護を担う子ども・若者の現実』中公新書.

住友剛（2001）『はい，子どもの人権オンブズパーソンです』部落解放・人権研究所.

蔵元幸二（1993）『子どもの権利条約』リブリオ出版.

髙井由起子編（2020）『わたしたちの生活と人権』教育情報出版.

武部康弘（2020）『身の回りから人権を考える80のヒント』解放出版社.

日本弁護士連合会（2011）『問われる子どもの人権──子どもの権利条約・日弁連リポート』駒草出版.

認定NPO法人国際子ども権利センター・甲斐田万智子編（2020）『世界中の子どもの権利をまもる30の方法』合同出版.

堀正嗣（2020）『子どもアドボケイト養成講座』明石書店.

木附千晶・福田雅章（2016）『子どもの力を伸ばす　子どもの権利条約ハンドブック』自由国民社.

ユニセフ　unicef.or.jp/news/2018/0155.html

読売新聞　2021「学生・生徒の自殺最多1039人昨年」2021年3月17日.

（西山直子）

第4章

女性の人権
───ジェンダーにかかわる人権───

　読者のみなさんは，「女性の人権」というと，どういうことと思うだろうか。多くは「女性に DV やセクハラ被害や性暴力被害が多いとか，男性が家事育児をしないとか，女性の政治家や社長が少ないといった問題」などと思うのではないだろうか。さらには「なんでも性差別だというような，フェミニストが男性批判する話」と思う人もいるのではないか。だがそれは「女性の人権」をめぐって考えるべきことのほんの一部に過ぎない。しかもそのイメージが古い。本章では，従来言われてきたことと類似の「想定内」のものではなく，できるだけ身近で新しい角度からこのジェンダーにかかわる人権問題を紹介したい。

　女性とは何か。それを言うのは実は簡単ではない。LGBTQ など多様な性のあり方があり，男女二分法を前提とはできないからである。だが一方で，今の社会には男／女の二分法に基づく区別や差別やバイアス（偏見／偏り）が多くあるので，本章では「女性を切り口として，性（ジェンダー）にかかわるさまざまな人権」を考えていくこととする。

　とはいっても多岐にわたる問題を全部論じることはできないので，まずジェンダーにかかわる人権問題のひとつである「美の秩序」にまつわる問題から考えてみたい。そのうえで，ジェンダーにかかわる諸問題の広さを概観したいと思う。

1　「美の秩序」に囚われているという人権問題

（1）ジェンダー秩序と美の秩序

　人権という言葉の理解は多様でありうるが，ここでは「その人が人間として生きていくうえで保障されるべき状態」というようにとらえるとしよう。すると身近なジェンダーにかかわる人権として，世間の「かわいくないとダメ」という圧力によって傷つけられたり，それに過剰に囚われて生きづらくなってい

ることも「人権問題」である。

　ジェンダーというのは「性」にかかわる話で，今の社会では特に女性は外見の問題にさらされやすい。これを考えていくために，ここで「美の秩序」という概念を紹介したい。

　美の秩序（序列）とは「社会の多数派がもっている“美しい方がいい”という価値で人を偏差値的に序列化したもの」である，皆が「きれいな方がいい」「かっこいい方がいい」と思っていて，その序列の上位に行く方が幸せと思っている。これは「ジェンダー秩序」のなかの重要な一部だ。

　ジェンダー秩序とは，「異性愛で男女二分法，男／女らしくあるのがいいというジェンダーによる秩序」のことである。いろいろな内容があるが，たとえば，世間の言う女らしさ，男らしさが強いほど上位，女／男らしさが少ないあるいは反逆しているほど下位といったものだ。また男らしく／女らしくてモテて恋愛できたり結婚できている方が上の秩序，結婚して標準的・典型的家族像にどれだけ近いかの秩序でもあり，正社員で働き結婚し，子どもがいるという，理想の家族像に近い人ほど上位，そこから外れている程度の大きい人（たとえば，子どもなし結婚→正規職事実婚→非正規結婚→非正規事実婚→同棲→離婚→独身→性的マイノリティ）ほど下位といった序列だ。

（2）かわいい，かっこいいということも関係する

　こうしたジェンダー秩序・美の秩序に囚われるなかで，その上位になるのが幸せだと思い込み，そうならねばならない，そうなりたい，それが唯一の生き方だ，常識だと思い込んでいる人が多い状態だと思う。それを基準に，序列の下の人を馬鹿にしたり差別したり笑うようなことがまず人権問題といえる。だがそれは序列の下の人への差別だけの問題ではなく，偏差値的序列で中間的な人や上位の人も，その競争に囚われてしんどくなったり，自分の生きる幅を狭めてしまっているという点で人権にかかわっている。若々しくてやせてきれいでないといけないという空気があること自体，多くの人にとって人権侵害状態ということだ。

　外見の優劣の秩序（それを美の秩序，ルッキズムという）によって，多くの

人が痩せなくてはならないと思い，体に悪いところまでダイエットしたり，化粧しないといけないとなっていたり，太っている人や「ブス／ブサイク」を笑ったり差別するようなことが起こっている。就活でも実際は外見で得する人と損する人がいる。だからこれらもジェンダーにかかわる人権問題である。わかりやすく誰かを外見で差別するというだけの問題ではなく，外見で上位の人をほめることや，序列の下の人を「笑う」ことや自分の外見に自信をもてないことも絡まっている。

　たとえば実際，ある女子学生は恋人から「もう少し痩せるとかわいいのに」と言われて，最初は笑って無視していたが，何度も言われるうちに意識しだしてしまって，そのうち豆腐や野菜しか食べられなくなって拒食症的に健康被害を経験するまでになった事例がある。また別の学生は，親などからの言葉の積み重ねの影響を次のように回顧する。「大体の人が化粧を始めるのも見た目に気を遣うのも母親や姉，友達など周囲の女性からの影響がほとんどだと思う。『若いうちからスキンケアしてきれいにしておいたほうがいい』『恋人は高校生くらいならいて当たり前，いないのは寂しい（努力が足りない）』といった言葉のせいでなんとなく化粧など始めるが，そういった言葉の積み重ねで女性は，異性から好かれるように外見を気にすることが当たり前と洗脳されていたと気づいた」。テレビでは，女子アナが美人で痩せていて若いことが「当たり前」的になっているが，このこと自体が「美の秩序」の現れである。アナウンサーというだけなら本当はもっと多様な外見・年齢の人がいるべきなのに。

（3）「ブス」で笑う問題

　「外見でいじる，笑う」という問題は，文脈や関係性によることも多いので，めくじら立てて全否定するものではないと思うが，時には深刻な影響もあるものであり，私たちの「美の秩序」への囚われの根深さを示す問題である。お笑い芸人は笑いを取るのが仕事で，そのために意識的に使っているとか，イジられている本人は傷つかない場合もあるという面はある。しかし，それを見ている人びとへの影響はどうなのか。女性でも「序列の真ん中」ぐらいの人には，ブスだということははばかられるが，「序列の下」の人は太っていることなど

を笑いにしてイジってもいいかのように扱われていることが多い。美人とそう
でない人への対応に違いがあることを何とも思っていない人がいる。美人をほ
めそやすことはいいと思っている人は多いが，それは「美しくないことはよく
ない」という美の序列意識を裏から強化している。「冗談やん」「考えすぎ」と
いう言い訳で思考停止していることも多い。

　今の社会は表立っては，「見た目で判断するのはよくない」ときれいごとを
いう一方，実際は見た目で笑ったり，美人を優遇したりしており，その問題に
気付いていない人が多い。自分もそれで劣等感をもったり優越感をもったりし
ている。子どもにも「食べ過ぎたらデブるで！」と怒ったりしている。「人権
論的な“きれいごと”だけでは，“本当は見た目が大事という社会”は変わら
ないし，“自分も幸せになれない”ので，現実を受け入れて，どうしたら自分
は見た目で少しでもよくなるか努力をし，自分の売り込み戦略を考えつづけた
方が建設的な時間の使い方だ」，というように考える人の意見がネットで支持
されたりしている（参考：田村麻美「結論から言おう，ブスという概念はなくなら
ない［＃ちょうどいいブスやめた］」ウートピ記事）。「タテマエと本音の乖離」
「現状に適応する発想」という問題だ。

　「私なんてブスですから」「ブスじゃないですよ」，「きれいですね」「そんな
ことないですよ」というような会話も，ブスな人がいる（美の秩序がある）こ
とを前提としている。ここに年齢による美の衰えも加わって，「もう齢だから」
「若くないから」「おばさんだから」というような言葉も飛び交っている。

　2021年 3 月には，東京オリンピック開会式のディレクター・佐々木宏が，女
性タレントの渡辺直美さんをブタに変身させる演出案を出していたとして辞退
する事件があったが，それ以前にもテレビなどでは芸能人たちが渡辺さんの太
った体などで笑ったりイジるようなことが重ねられてきていた。

　吉本新喜劇では，「ブサイクやな」「鼻の脂で床滑るわ」「アザラシみたいな
体型やな」「めっちゃハゲてる」「横顔新幹線やん」などというような突っ込み
の笑いが多数あり，「よしもと男前ブサイクランキング」という恒例行事もあ
る。2020年に，漫才コンビ「アインシュタイン」は，ブサイクな男（稲田）が，
相方の子どもが25歳になったら自分と結婚させてくれ，そのために美人の妻を

もらってくれ，ブスと結婚するな，子どもがブスやったらぜったいに結婚せえ
へんからな！というような漫才をした。ブサイクな男が自分を棚にあげて何を
かってなことを言うてんねん！　とつっこむという笑いである。

　こうした「外見いじり」について，ある学生は「仲間内で学校内や電車内で，
自分が全く面識のない後輩の女の子の顔が大きかったり，少し特徴的な顔だと
いうことだけで笑い物にしたりしていた。その場の空気や，友達と笑うことが
楽しかったこともあり，それについて何か抵抗したりすることはなかった」と
振り返っていた。

（4）見直しの空気も出始めてはいるが

　お笑い芸人の言動は「プロの芸」としておこなわれているが，一般社会や学
校で同じことをすると，傷つく人が増えるということもあり，芸人や芸能人か
らも，そうした外見イジリ笑いを見直していこうという動きが出てきている。
たとえばタレントのSHELLYさんは「ブスと言って笑うというような，誰か
傷つく人間をひとり作らないとみんなで楽しくできない場っておかしい，それ
はものすごくコミュニケーション能力が低いんじゃないか」「この人は（ブス
だと）いじっていい，いじっちゃいけないって，誰が決めているの？」「ブス
いじりだけじゃなくて，デブいじりだったり，こういう女性はバカみたいな価
値観だったり，女性に対するたくさんの偏見が受け入れられてしまった結果，
『いじっても OK』みたいな空気になってしまった。受け入れない女性が『空
気が読めない』みたいになってしまっている」などと指摘している（「バラエ
ティー番組に"ブスいじり"は必要か？　女芸人の本音『もし芸人じゃなかったら
…』」アメバタイムズ，2019年3月17日記事，他）。

　一方，まだまだ古臭い世間に合わせてしまう意識も残っている。たとえば
2016年，旅行会社 HIS は「東大美女図鑑の学生たちが，あなたの隣に座って
現地まで楽しくフライトしてくれる！」という企画を立ち上げたが，その企画
が社内で通り，それに参加した学生たちがいたという例があった。

　AKB の指原莉乃さんは「ブス」という形容を受け入れたアイドルで，『逆
転力～ピンチを待て～』（講談社，2015年）で，「私の周りのみんなに『ブスっ

て言わないでください！』と言ったとしたら，……腫れ物扱いされかねないじゃないですか。でも『ブスで OK です！』と言っておけば，イジッてもらえるかもしれない。……そうやって世の中に出てきたのが，指原という女です」「おとなしい美人には意味がないって言いましたけど，親しみやすさのないブスって最悪だと思う」などと述べている。ブスはイジってもよい，ブスは性格よくて愛嬌ある人であるべきというような形で，今の美の秩序に適合すべきとしているようなスタンスである。

（5）私たちを取り巻く「外見重視」「痩せるべき」の根強い圧力

　石川優実さんたちがはじめた，女性にだけ動きにくいハイヒールやパンプスを強制されるというおかしさを問題視する「#KuToo」の運動もある。その背景には，パンプスのほかにも，ストッキングや化粧，髪型，服選びなど女性は，男性よりも「見た目の美しさ」を「マナー」として求められることが多いこと，そして女性自身が，かわいくないとだめというプレッシャーを内面化し「だってわたし，可愛くないから」というような“見た目”の呪いに囚われていることを問題にしたいという思いがあった。

　2013年の調査で，女性で「BMI」（体重と身長から算出する肥満度の指数）が18.5未満の「やせ」の人の割合が12.3％と 8 人に 1 人にあたり，1980年以降最も多くなったこと，過剰なダイエットのために「やせ」になっているのは若い世代にその傾向が強く，20代が21.5％で最も高かったことが示された。その後もそうした「痩せすぎの人が多い状況」が続いている。「国民栄養調査」によると，20代女性の 1 日の平均エネルギー摂取量は1995年の約1850キロカロリーから，2019年には約1600キロカロリーまで低下している（健康のためには約2000キロカロリーが必要）。

　痩せすぎは若い女性がホルモンバランスを崩したり，産む子どもに影響があったり，高齢者が低栄養になったりする健康上の問題が指摘されているが，他国と比較しても，日本の若者はそう太っていないのに，自分は太っていると思っている人が多く，自分の体型に満足している人が少なくなっている（国立青少年教育振興機構『高校生の心と体の健康に関する調査』2017年）。10〜17歳の少

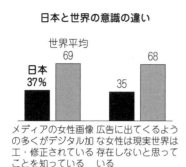

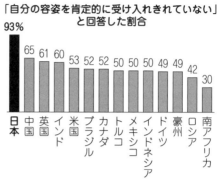

日本と世界の意識の違い

世界平均
69

日本
37%

35

68

メディアの女性画像の多くがデジタル加エ・修正されていることを知っている

広告に出てくるような女性は現実世界は存在しないと思っている

「自分の容姿を肯定的に受け入れきれていない」と回答した割合

93%

65　61　60　53　52　52　50　50　50　49　49　42　30

日本　中国　英国　インド　米国　ブラジル　カナダ　トルコ　メキシコ　インドネシア　ドイツ　豪州　ロシア　南アフリカ

図 4－1　10～17歳の少女の容姿に関する自己肯定感

出所)「ありのままが美しい？　共感しきれないのは私の弱さか」『朝日新聞』2021年 1 月13日。「ダヴによる少女たちの美と自己肯定感に関する世界調査レポート（2017年）」が元データ。

女の容姿に関する自己肯定感を比べた調査（図 4 - 1）でも，日本は飛び抜けて自己肯定が低い。

　女性たちの理想となるタレントやモデルは痩せすぎであり，たとえば女優の桐谷美玲は身長：163.5 cm，体重：39 kg で BMI は14.6であった。国際的にはモデルの痩せ過ぎに警鐘が鳴らされており，やせすぎのモデルは使わない方向が一部で志向されているが，いまだその改善は十分でない。

　ファッション誌などでは，写真や動画が「痩せて小顔，手足が長くきれい」なように修正・加工されていることが非常に多いが，そのことを知らずに，そのイメージにひっぱられている人びとは多い（参考：「フォトショップでの修正過程を全部お見せします」【動画】，その他「操作された画像」で検索するとさまざまなものが出てくる）。

　ネットには，ダイエット，化粧，スタイル，ファッションでかわいくなる話，セクシーさで人気を得る動き，女性には美しさが重要といった情報があふれている。「ダイエットアカウント」界隈の人たちは，朝から夜までのストイックなルーティンを載せていたり，「 2 か月でマイナス10 kg 達成！」のような情報を出している。「スタイル UP 効果抜群！抜け感バランスでおしゃれ女子を演出するテク」「"すっぴん"披露に反響」「ミニスカートから伸びる美脚が眩しい」「体重を公開　スタイルキープし，可愛くて永遠の憧れ，尊敬」「美人の

振り返り動画，美人つながり」といったような情報に何度も何度も触れることで，多くの人が美の秩序に囚われていっている。

　自分の写真を加工アプリで撮っている人，ダイエット情報を見てまねるが効果が出なくて，成功している人と比べてしまって気持ちが沈んでしまう人，その反動で過食してしまって自己嫌悪になっている人などがいる。

　化粧品の「美白ホワイトニング」や「白人モデル・ハーフタレント隆盛」「クレヨンや下着での"肌色"という名称問題」の背景には，ダイバーシティに鈍感で，みずみずしくきめ細かく透明感のある肌がいい，特に女性は外見に気を使うべき，若く白い肌がいいという女性差別，年齢差別や民族差別による序列化，欧米人・白人上位思想や日本ナショナリズムが絡まっているという問題もある。テニス選手の大坂なおみさんへのバッシング問題もここにかかわっている。

　「美の秩序」の圧力としては，アイドルに厳しいダイエットが課されているという問題もある。たとえば NiziU に対して「K-POP 流ダイエット」が強制されているという情報があったので調べてみると，全部ではないが，韓国アイドルに課されているダイエットのなかには過酷なものがあることがわかった。アイドル体型にあこがれる人が増えるので，社会的な影響がある問題といえる。ダンスや歌以上に選考基準では外見が重要で，モデルのような高い身長，すらりとした脚線美，小顔の人が選ばれ，その人たちにさらなるダイエットが課されている。露出の多いファッションを着こなし，テレビ画面上では実物より太って映る傾向があるので過剰に細くならないといけない。腸掃除の薬や食欲抑制剤を飲む，食事を 1 日1000キロカロリーに抑える，身長が170 cm 以上でも『身長マイナス125』，つまり体重は40 kg 台でなくてはならない等の例がある。「 1 週間以内に 7 キロ減量に成功できなければ，ショーに出られない」という通告を受けることもあるという。

　親が外見を気にして育てることの悪影響を自分の体験から問題にしている例もある。息子に仲のいい女の子ができたとき，夫がクラスの集合写真を見て，「そうか，さすがだなあ。その子はクラスで一番可愛いと，パパは最初に写真を見たときから思っていたんだよ」と言ったことを元女子アナの小島慶子さん

は問題にした。だが夫や周りの男性たちは，かわいい子をほめただけ，子どものモテぶりをほめただけなのに何がいけないの？　と心外そうだったというエピソードを紹介している。小島慶子さんは，夫の発言の背後に，「写真を見て，女子の容貌をすぐさまチェックし格付けする感覚」「一番モテそうな女子をゲットする男が偉い」「一番可愛い子が一番価値がある」という感覚があるから問題にした。小島さんは，女性が外見で評価される（女性へのほめ言葉が大抵“見た目”）という価値基準が，親との何気ない会話のなかで刷り込まれることを問題にし，夫の言葉はルッキズムとセクシズムを子どもに仕込んでいると感じたという（ネット掲載エッセイ：小島慶子「この社会で，女でいるということの難儀」2018年5月7日）。

　学生の体験談などでも，身体測定で体重の重い女子を皆で笑った体験，外見でいじめられたり傷つけられた体験，「顔がブスだから不幸になっているので，整形しないと絶対に解決しない」と思い込んでいる人などの例もある。最近のスポーツ界でも，ビキニ的なユニホームが強制されるとか，「美人アスリート」ということが臆面もなく叫ばれ，ネットで写真が売買されたりしている。私たちの社会が美の秩序に深く囚われている。

（6）ではどうしたらいいの？：ジェンダー秩序に対する3つの道

　美の序列があっての「美人／ブス」というような言動にたいして，反対概念は，「人を外見で評価・批評しないこと，人を傷つけず人権を守ろう」というようなことだが，その実践はなかなかむつかしい。きれいとか，かわいいとか肯定的なものは言っても追及してもいいと思う私たちの社会意識は，差別意識と一体の「美の秩序」前提なのであるから。

　そこで私は，ジェンダー秩序があるよねとか人権問題だよねなどと，ただそれを指摘することだけでなく，自分にできることを考えていくことが人権の学びにおいて大事だし希望が見いだせると考え，各人のかかわりの責任と希望を明確にする装置を作った。社会は変わらない，仕方ないと言って既存の状態に無批判的に合わせ，自分もその主流の秩序の上位に行こうと積極的に動くのが当然で唯一の道なのか。私はそうではないということを知ってもらいたいと考

えた。そこで「ジェンダー秩序に対して3つの道がある」というように考えて
もらうことを思いついた。

　どういうことかを示していこう。今の社会の主流の秩序（ジェンダー秩序，
美の秩序）にたいして第1は，積極的加担の道，つまり今の社会の問題（序列，差
別，格差，競争，自己否定する人が多くなる等）を温存する「加担」の道がある。

　第2は，積極的に加担しなくても，抵抗せず，強いものに従っていたり，沈
黙，無視（かかわらない）・傍観者という態度をとる「消極的加担の道」があ
る。これは，消極的・間接的ではあるが，事実上，現状の維持に加担している
ので，自分に責任はないといえないということを明確にすることとなる。

　第3は，それに対し，何らかの抵抗をして主流の秩序を変えていく「非協
力・抵抗」の道。特別な人でなくても，自分の能力の範囲で，自分の安全も確
保しながらでも自分に出来ること——不服従，非協力，抵抗，批判，かく乱，
等——をしていくことで，主流秩序に加担しない道もあると知ることに意義が
あると思っている。

　具体的なイメージを少しいうと，「積極的加担」は，「絶対痩せて化粧しない
とダメよ」とか「あの子，食べ過ぎ，太りすぎ」などと平気で言い，ファッシ
ョンなど外見のためにお金をすごくかけるなど，美の秩序に疑問をもたず，強
化するスタンス。その思いが強すぎて過剰に整形をしたり，自分の外見に強く
劣等感をもつのも，このスタンスの一例。

　消極的加担は，外見にあまりお金をかけないが普通程度にはする，「あの子
キレイ，化粧上手い」「ちょっとブサイク」というような会話にだまって軽く
うなずく，笑ってごまかす，反論はしないなど，主流秩序に少し違和感がある
が傍観者・無介入的なスタンスをとることである。美の秩序の考えを内面化し
ているので，それで自分に対してもあまり自己肯定感をもてなくなっている状
態も，この消極的な従属の一例。

　それにたいして「非協力・抵抗」は，美の秩序に沿った会話に対して，違う
観点を提起したり批判したりその場を明らかに離れる，外見の笑いに同調しな
い，他者に対しても多様性的にお互いを「ステキ系」の言葉でいうとか，あま
り外見について言わないなどのスタンスをとること，「そういうので笑うのは

カッコ悪いよ」「そういうのを聞くのは私は嫌だ」というような態度だ。

　人権侵害はいけないとは思っているのに，無意識に美の秩序強化という人権侵害に加担してしまっていることを自覚するために，この美の秩序という理解と３つの道を考えることが重要と思う。ある学生は，「具体的ケースで３つの道を考えてみて，自分はこれまで消極的加担の立場に立っていたな，多くの人が積極的加担か消極的加担の立場だなと改めて感じることができた」と述べている。こうした３つの道に自覚的になることで，各人が自分はどうしていくのか，自分が加担者にならないためにできることは何かという問いの前に立つことになる。

2　「女性」とジェンダーの人権問題

■女性／男性／ジェンダーにかかわる諸問題＝人権問題

　第１節で扱ったのは，女性／男性／ジェンダーにかかわる諸問題のほんの一つに過ぎない。ここから，ぜひ，ジェンダー全般の問題を考える学びをしていってほしい。そこで，この２節では，概略であるが，ジェンダーにかかわる人権問題としてほかにどんなものがあるのかを簡単に記していく。皆さんは，一つ一つを読んで，どういうことなのか，自分に関係するか，考える価値ある問題か，どう解決したらいいのか，当面，自分はどうするか，などを考えていただきたい。

① **女性の労働問題**：女性が男性より平均賃金が低い（フルタイムでも約７割），よい就職口が少ない，パートや派遣など非正規不安定雇用が多い，女性の昇進が男性に比べて難しい，女性管理職が少ない，出産で仕事を辞めてキャリアを積めない女性が多い（年齢別労働力のＭ字型カーブ），雇用機会均等法や労働者派遣法，女性活躍推進法が不十分であるといった問題がある。これに関連するが，交通事故等損害賠償で男女・年齢などで命の値段が異なる問題，顔を傷つけられた時は逆に女性の方が保障額が大きい問題などもある。

② **家庭内の性別役割分担問題**：家事，育児，介護負担が女性に偏っている，

いまだ古臭い家制度・嫁の役割意識が残っている，専業主婦が自立していないと批判されたり，逆に共働きが苦しいイメージでセレブ的な専業主婦が憧れられて女性の幸せ観の対立と混乱がある問題，良い母親にならねばならないという圧力があるなどの問題がある。

③ **出産圧力**：女性はやはり子どもをもってこそ一人前という意識が強くあり，不妊治療してでも頑張るべきという意識が強まっている問題がある。

④ **結婚圧力**：男女ともにも LGBTQ にも，結婚するようにという圧力がある，しかも誰でもいいのではなく，できるだけ高いレベルの人と結婚するようにという意識があり，相手による序列があるという問題，独身者などが結婚祝い・出産祝いなどを出す一方，結婚や出産などに関する休暇も取れないという不平等問題等がある。

⑤ **女らしさの不自由**：女性ということで，「女らしさ」の枠に押し込められ，女性の多様性が認められず，女らしくないと否定的に扱われる，門限，着る服や持ち物の色や形，体育での運動種目や距離などでの制約，マネージャーは女子が多い，進路で女性は文系が多いとか大学／大学院進学率が低い，言葉使いや態度で女性らしくしないといけない，スカートを強制される，ハイヒールやパンプスをはかないといけない，化粧やダイエットしないといけない，といった問題がある。

⑥ **男らしさの不自由**：男の多様性が認められず，男らしくないと否定的に扱われる，男性が家事や子育てしたり育休を十分にとったりするのがむつかしい，男性には金を稼ぐ（家族を養う）責任が課せられがち，男性の方が出張や転勤や残業が課されがち，結果的に男性全体として長時間労働（過労）といった問題がある。男らしい言動やリーダーシップなどがないと男性らしくないとされて軽視・差別される問題がある。

⑦ **LGBTQ 差別**：さまざまな場所（学校や職場や地域・親せき関係，就職活動，恋愛関係）で，典型的な男性と女性であるべき，そうした両者が異性愛で結婚するのが当然とされること（男女二分法異性愛主義）で，性的少数者が例外・異物・不可視存在にされ多数派と同等の権利が保障されていない，差別される，性的に多様な人が平等に尊重されない等という問題がある。

⑧ **DV問題（パートナー間の支配）**：結婚や恋愛等でパートナーの間にDVやデートDV，さまざまな関係で一方的に追いかけたり嫌がらせをするストーカーなどの問題がある。DVとか暴力というと身体暴力と思う人が多いがそうではない。DVはジェンダーだけの問題ではない。ジェンダーをベースにした暴力という面はあるが，カップル単位意識（自他の課題の分離ができないで自分の考えを押し付ける発想）をベースにした暴力という面が大きい。

⑨ **性暴力【レイプ，痴漢，盗撮等】**：個人の性的な権利（安全や自由）を侵害するレイプ（強制性交等），痴漢，盗撮，のぞき，性的ハラスメントなどの問題。「私の体は私のものであるということ」「性に関する情報を得たうえで自分が選び決定すること」が侵害されることが性暴力である。性暴力に関する誤った認識（レイプ神話等）の問題がある。性暴力というと，レイプと思って，自分には関係ないと思う人が多いが間違い。性暴力は身近に多様にあるし，だれもが被害者にも加害者にもなりうる問題。性暴力被害は，男性にもLGBTQにもある。しかし「女性」というグループに被害が多い事実がある。相談や被害届を出しにくい問題がある。性的同意の理解が進んでいない。刑法の強制性交等の認定要件に「暴行・脅迫，心神喪失，抗拒不能」があることで性暴力の一部しか認定されない問題がある。自撮り送信させての性的画像悪用問題，児童ポルノ売買が横行している問題もある。

⑩ **セクハラ**：セクシュアルハラスメントやジェンダーハラスメントが職場や学校，地域などで横行している問題がある（性的いじめ，スクールセクハラ，わいせつ教員問題を含む）。周りはたんなるコミュニケーションやイジリやからかいと軽視しがち。

⑪ **女性内・男性内のランク競争**：パートナーがいるか，結婚しているか，恋愛しているか，性的（セクシュアルな）経験があるか，性的な快楽を楽しめているか，子どもがいるか，仕事・収入があるかなどで女性のなかに（男性のなかに）序列がある（女女格差，男男格差），夫の収入や地位，パートナーの美貌や能力によるランク，子供の勉強・学校偏差値やスポーツや可愛さによるランクといったママカースト，家族カーストがあり，競いあっているという問題がある。

⑫ **美の序列への圧力**：誰にでもあるが特に女性に，外見が重視される，痩せないと，というダイエットが横行している，外見での序列化があり SNS などで競争があるなどの諸問題がある（第1節参照）。

⑬ **性の商品化と搾取・見下し**：主に女性（一部男性等）に「性的対象」としての価値が求められ，それが商品化され，広義の貧困のなかで仕方なく性的労働（広義のセックス・ワーク）についている問題，金のためにひどい扱いに耐えないといけない問題，安全性や搾取・辞める自由の点でセックスワーカーの労働者としての権利が守られていない問題，AV 出演などで不適切な契約で不利益を被っている人がいる問題，アイドル・モデルなどの勧誘を受けたり広告を見て応募して性的な被害を受ける場合がある問題，性的な労働が見下され女性等がそういう仕事にかかわる人とそうでない人に分断される問題，性的弱者がカモにされる問題，などがある。買春を「売る側は商売で自主的にしているから買うことに問題はない」と肯定し，売る側の現実の苦悩などに目を向けない問題等もある。また特に若い女性が援助交際，出会い系，JK ビジネス，パパ活など多様な形で性暴力被害（児童買春，性的搾取）にあいやすい状況がある問題もある。ナインティナインの岡村隆史が「（コロナ）収束したら，なかなかのかわいい人が短期間ですけれども，お嬢（風俗嬢）やります」という発言をしたこともここにかかわる問題である。

⑭ **性の解放がなされていない問題**：性・セックス・セクシュアリティに関して人権・性的権利（安全や自由，健康）が大事にされつつ，性の解放（おおらかに楽しむこと）がなされればいいが，そうなっていない問題，性的同意が重視されていない問題，性交の時の痛みの問題が軽視されている問題，意に反した中絶，女性が中絶する権利への攻撃，中絶の仕方が古く，錠剤によるものが認められていない問題や性感染症にさらされている問題，A セクシュアル的な人（性欲がない人など）の権利が尊重されていない問題などもある。

⑮ **メディアのなかのジェンダー問題**：テレビ（報道，バラエティ，ドラマ），その他小説や音楽や映像などの作品，ネット情報・コンテンツ，SNS 等のなかで，ジェンダー平等に反する情報が多く出回っている問題がある。

⑯ **呼称問題**：性別によって，嫁，奥さん，家内，愚妻，おまえ，「ちゃん／く

ん／さん」，主人，ダンナ，等の呼称において，ジェンダー平等が意識されていない問題がある。

⑰ **社会における女性の力・地位の低さ**：女性のリーダー，政治家や経営者・管理職が少なく，社会的なリーダーシップが確立されていない問題がある。

⑱ **家族単位の制度設計の問題**：第3号被保険者を存続させる年金制度や健康保険，配偶者控除などの税制，賃金における配偶者手当・世帯主手当など社会保障がいまだ家族単位で設計され，そのため単身者や非世帯主や離婚者や単親家庭が不利益を被っている問題がある。男女の結婚可能年齢が異なっている問題や夫婦別姓が認められない等の民法の問題，非正規労働問題も，男性の長時間労働も家事分担の偏りなどもすべて，家族単位問題の一部である。男が仕事，女性が家庭を守るという性別役割分担する人がまだまだ多く，そのため女性の賃金が低いとか，社会で活躍する女性が減る，出世が少ない，少子化が進むことなども根本は家族単位の問題である。

⑲ **災害とジェンダー**：災害時に女性やLGBTQの権利が尊重されていない問題もある。

⑳ **スポーツとジェンダー**：女性がスポーツを続けにくい問題やスポーツ団体の幹部は男性中心といった問題，セクハラが多い問題，性的ユニホーム強制やユニホーム盗撮などの諸問題がある。

3　自分事としての「性にかかわる人権問題」

　以上はジェンダーにかかわる人権を考えるほんの端緒に過ぎない。紙幅が少ないため，解決のための諸政策についての議論やフェミニズムの理論の話などは割愛した。読者の皆さんは，こうしたジェンダーの話を聞いて思い当たることはないだろうか。「人権を守らねばならない」「差別はいけない」「男女平等」というのは「どこかで聞いた正論」だが，無意識の差別（人権侵害，自分への攻撃含む）や気づかない「生きづらい圧力」のことはなかなか意識されていない。

　本章で考えたいのは，自分のなかの劣等感とか，自己肯定感の低さとか，生きづらさとか，無意識に言っていることと絡めて，ジェンダー秩序を自分に引

き付けて理解することである。「人権」を考えるとは，どこかの「弱者（序列の下位者）の権利を普通に引き上げていく」というような事だけでなく，自分を含めて，序列に囚われてしんどくなっている皆があまり囚われなくなるようなこと（比較・競争からの離脱，幸福像への囚われからの離脱）ということでもある。

またこの構造は一人一人の実践によって維持されたり変わっていったりするので，変えようと思うならば，「上」の方の人（政治家，専門家，力をもっている人，企業）に変えてもらうしかないと待っているだけではだめで，一人一人がよく考えて行動を選んでいくことが大事である。ジェンダー秩序に知らぬ間に加担している人が多いので，この観点は重要である。

差別をやめて幸せ像を多様に認めよう（ダイバーシティ）というなら，ジェンダー秩序の解体——自分がそれに囚われないこと——が必要だが，それは簡単にはできない。だからこそ，そのなかで，自分に（各個人で）できることは何かを考えていくことが人権論として重要だと訴えたい。

女性の人権という切り口は今や，LGBTQを含め，ありとあらゆる人の性にかかわる差別や抑圧からの解放を考えるという意味である。誰にとっても日常生活を生きていくうえで重要課題題である。ぜひ，本章の記述を入り口に，フェミニズム／ジェンダー・スタディの世界に足を踏み入れていっていただきたい。これからの時代にとって中核的に重要な分野である。心理的にも制度・経済・政治的・文化的・歴史的・学問的・スポーツ的にも大事。どの分野にもかかわる問題で，ここを射程に入れていないものは時代遅れといわざるを得ない。

┌**学 習 課 題**┐
　1．第1節の「美の秩序」に対して，自分に思い当たることがあるか，そして3つの道（積極的加担の面，傍観者的な面，抵抗や変革の面）を考えてみよう。そのうえで，自分はこれにどうかかわるかを語り合おう。
　2．第2節のジェンダーの諸問題で，自分にとって一番関心あることは何か，それについてどう考えるか，多くがジェンダーの問題だとわかったことでどのように自分の意識や言動を変えていくかを整理しよう。

（伊田広行）

障碍と人権

　この章は,「障碍と人権」がテーマである。

　「障碍の理解」ということで,障碍の法による定義や障碍のとらえ方を学び,現在の障碍のある者の「障碍概念」を理解する。さらに,障碍児入所施設の被虐待児の割合や児童養護施設における入所児童の状況,児童養護施設等における入所・委託の理由の数値から障碍のある子どもたちへの虐待の問題を考えていく。また,学校等で教育実践家として,障碍のある子どもたちの進歩を高い位置から見下すのではなく,出発点から見上げて,それがたとえわずかなものであってもその進歩の実現を励みに,教育実践を継続することが大切である。このような障碍のある子どもたちへの人権を尊重した教育的対処について学ぶ。

_1_　障碍の理解

(1) 法による定義

　障碍者に関連する実定法や制度の基本的な考え方を示した「障碍者基本法」(1970年5月制定。2013年6月最終改正) 第2条第1号において,「障碍者」は「身体障碍,知的障碍,精神障碍 (発達障碍を含む),その他の心身の機能の障碍 (以下「障碍」と総称する) があるものであって,障碍及び社会的障壁により継続的に日常生活又は社会生活に相当な制限を受ける状態にあるものをいう」と定めている。

　また,同条第2号において,「社会的障壁」は「障碍がある者にとって日常生活又は社会生活を営む上で障壁となるような社会における事物,制度,慣行,観念その他一切のものをいう。」と定めている。

　このように「障碍者」に対して用いられる「障碍*」の定義は「心身の機能損傷並びに心身の機能損傷がある者にとっての社会的障壁」となる。

　　＊ "害"は害毒の害である。"碍"という語を用いると，さまたげになる石という意味であり，さまたげになる石を目から取り除けば障碍はなくなる。筆者は"碍"を用い，"障碍"と使っている。子どもたちは何も毒害を流していないわけで，どのような語を用いるかというのは，本人にとってプラスのイメージになるような語を用いればよい。本章では，引用部分も含め，これらの考えから"障碍"という語を用いている。

　また，それぞれの法令等における「障碍者」の定義は，身体障碍者においては「身体障碍者福祉法」（第 4 条），精神障碍者においては「精神保健及び精神障碍者福祉に関する法律」（第 5 条），発達障碍者においては「発達障碍者支援法」（第 4 条第 2 項）などの個別実定法で規定している。

　ただし，これらの実定法における定義は，児童福祉法との関係で18歳以上の者を「障碍者」と定義しているものが多い。18歳未満の者については，児童福祉法第 4 条第 2 項に「障碍児」として規定されている。

　なお知的障碍者については「知的障碍者福祉法」において明確な定義が認められず，「療育手帳制度」を根拠に各都道府県が独自に障碍の程度及び判定基準を定めている。

　学校教育関連法令においては，学校教育法施行令第22条の 3 において，特別支援学校が対象とする者の「視覚障碍」「聴覚障碍」「肢体不自由」「知的障碍」，「病弱（身体虚弱者を含む）」の程度を定めている。また，学校教育法第81条第 2 項において，特別支援学級が対象とする者を「知的障碍者」「肢体不自由者」，「病弱者」「弱視者」「難聴者」「その他障碍のある者で，特別支援学級において教育を行うことが適当なもの」と定め，文部科学省初等中等局長通知「障碍のある児童生徒等に対する早期からの一貫した支援について」（平成25年10月 4 日）で，それぞれの障碍の程度を定めている。

　なお，この通知には「病弱者」「言語障碍者」「自閉症・情緒障碍者」が追加されている。さらに「通級による指導」が対象とする者の障碍の種類（「言語

障碍」「自閉症」「情緒障碍」「弱視」「難聴」「学習障碍」「注意欠陥多動性障碍」「肢体不自由，病弱及び身体虚弱」）と程度も定められている。

このように法令等に規定する「障碍（者）」の定義は，それぞれの法令等が規定する支援を受けることができる「障碍」の種類と程度から成り立っている。

したがって，法における「障碍（者）」の定義は，資格制限諸法を除く法令等で定める支援内容を受けられる権利を有する「障碍（者）」の範囲，並びに国民（国・地方公共団体）が支援をおこなう義務がある「障碍（者）」の範囲を示したものであると理解する必要がある。

（2）障碍のとらえ方

障碍のとらえ方も近年変化してきており，国際生活機能分類（ICF：International Classification of Functioning, Disability and Health）では，人間の生活機能は，「心身機能・身体構造」と「活動」と「参加」の3つに区分され，これらの3つの生活機能は「健康状態」と「環境因子」と「個人因子」によって影響されると図式的（図5-1）に示している。

そして，「障碍」とは，生活機能の3つが，機能障碍が起こったり，活動に制限がされたり，参加に制約が設けられるといった問題を抱えた状態を指すと

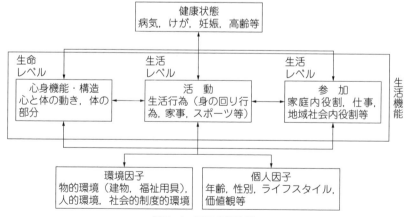

図5-1　ICFの概念図
出所）菅原（2011）。

されている。生活機能を高め，障碍の状況を改善するには，個人因子とともに環境因子の両方からの働きかけが重要と考えられている。

　つまり，現代の障碍概念は，係わり手，障碍のある子ども，お互いの違い（身体機能・構造）を認識した上で，いかにして協同の活動（活動：個人による課題又は行為の遂行），（参加：社会生活状況への個人の関与）を，組めるようになるかが相互障碍の克服につながる。言い換えると，社会との関係，つまり周りの人との関係のなかでの障碍ととらえることができる。

2　障碍者虐待の問題

（1）人権擁護に関する世論調査からみた障碍者虐待

　2017（平成29）年に内閣府がおこなった調査で，障碍者に関し，現在どのような人権問題が起きているのか。図5-2から「就職・職場で不利な扱いを受けること」などが問題となっていることがわかる。

　政府は，2018（平成30）年3月に「障碍者基本計画（第4次）」を策定し，障碍者施策を推進し，あわせて，わが国は，2014（平成26）年1月，障碍のあ

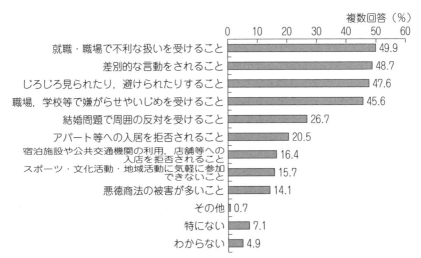

図5-2　障碍者に対し，現在，どのような人権問題が起きていると思いますか？
出所）内閣府「人権擁護に冠する世論調査」（2017〔平成29〕年10月）。

る人の権利の実現のための措置等について定めた「障碍者の権利に関する条約」を批准した。

（2）児童相談所における家庭支援への取り組み状況

　近年，障碍のある子どもが，親から虐待を受けるリスクに注目されている。2009（平成21）年の全国児童相談所における家庭支援への取り組み状況調査では，障碍児入所施設で暮らす子どもの３割が，入所前に虐待を受けていた疑いがあることを報告している。障碍に加え，心の傷を背負った子どもたちにどのようなサポートが必要かについて，詳細をみていくこととする。

① 障碍児入所施設の被虐待児の割合

　障碍のある子ども対する虐待は，これまで国による調査がおこなわれたことはなく，実態が明らかにされてこなかった。しかし2009年，有志の医師らが「障碍児入所施設」の調査をおこなったところ，入所前に家庭などで虐待を受けていた障碍のある子どもが，高い割合で存在することがわかった。

　これまでの研究でも，障碍児が虐待を受けるリスクは健常児よりも高いことが指摘されてきた。そして2009年，全国の障碍児入所施設492か所を対象にした調査により，子どもの３割に入所前に家庭で虐待の可能性があることが明らかになった。

　被虐待児は平均で３割であるが，施設によっては，虐待をうけた，あるいはその疑いがある障碍のある子どもが５割を超えている。ただでさえ子育ては大変なことではあるが，その障碍ゆえにまた子育てが難しくなったということが背景にあると推測できる。障碍のある子ども，あるいはその家族を支援する仕組みが十分でない，あるいはうまく機能していない（菅原・渡邉 2021）。そういったことから，障碍のある子どもが虐待を受けるということがあり，その子どもたちが入所することが増えてきていることが，障碍のある子どもに対する虐待の現状であると思われる。

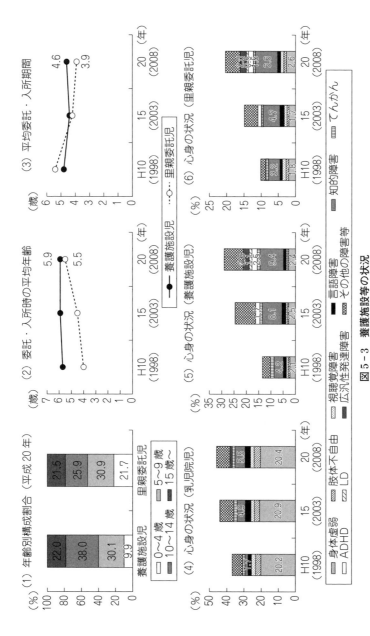

図 5 - 3　養護施設等の状況

出所）厚生労働省（2018）「児童養護施設入所児童等調査」。

② 児童養護施設における入所児童の状況

厚生労働省「児童養護施設入所児童等調査」（2018）によると，知的障碍や発達障碍のある者の入所が増えている。

入所・委託児童の年齢をみると，養護施設児は10〜14歳が約4割を占め，最も多い。里親委託児では5〜9歳が全体の約3割となっている（図5-3(1)）。

入所・委託時の年齢は，養護施設児が5.9歳，里親委託児が5.5歳であり，里親委託児の委託時年齢が上昇傾向にある。平均入所・委託期間は，養護施設児が4.6年，里親委託児が3.9年で，里親委託児の平均委託期間が短くなっていることがわかる（図5-3(2)(3)）。

乳児院児，養護施設児，里親委託児の心身の状況をみると，いずれも，知的障碍や発達障碍などの障碍がある者の割合が高まっていることがわかる（図5-3(4)〜(6)）。

（3）児童養護施設等における入所・委託の理由

図5-4から乳児院や児童養護施設では虐待を理由とした入所が増加していることがわかる。

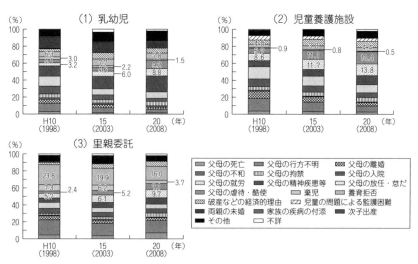

図5-4　児童養護施設への入所理由

出所）厚生労働省（2018）「児童養護施設入所児童等調査」。

　入所理由別にみると，乳児院では「父母の精神疾患等」（19.1％）と「父母の虐待・酷使」（9.2％）が多い。児童養護施設では「父母の虐待・酷使」（14.4％）と「父母の放任・怠だ」（13.8％）が多い。里親委託では「養育拒否」（16.0％）と「父母の行方不明」（14.3％）が多い。

　一般的に虐待とされる「放任・怠だ」「虐待・酷使」「棄児」「養育拒否」を合計すると，乳児院では27.2％，児童養護施設では33.1％，里親委託では36.5％と多くの割合を占めており，乳児院や児童養護施設ではその割合が上昇している（図5-4）。

3　障碍者と教育的対処における人権保障

（1）養護学校教育の義務制施行から見えてきた課題

　視覚や聴覚といった感覚器の障碍に対応する，現在の特別支援学校の整備は第二次世界大戦の終結後，比較的早く取り組まれていた。しかし，いわゆる養護学校の義務制をはじめとして重い障碍，知的障碍も絡む複数の障碍がある子どもたちへの教育施設の整備は放っておかれたままであった。重い障碍のある子どもたちは，教育の対象として検討されないままで時間が経過したといえる。

　大沼（2009）によると，1956（昭和31）年3月に「公立養護学校整備特別措置法」が成立し，以後養護学校の数は急激に増加し，当時の盲学校，聾学校及び肢体不自由養護学校においても重い障碍のある子どもたちに対する実践がおこなわれるようになってきたとされる。その後1979年，養護学校教育の義務制が施行され重い障碍のある子どもたちが学校教育の対象になった。まず，数値的な目安とされたものは，重い障碍が理由となって就学の免除や猶予とされてきた学齢児童・生徒数の減少を図ることであった。数値のみの推移を見た場合は，1955（昭和30）年には3万2000人を越えていた不就学者が，養護学校教育の義務制実施により，1980（昭和55）年には約2500人まで減少し，学校教育の守備範囲は明確に広がったことがうかがえる。

　しかし当然ながら，喜ぶべきことばかりではない。この時点で残された約2500人こそが，さらに深刻な重い障碍のある子どもたちであった。なかには学

校教育を拒んだ子どもや家族もいたことであろうし，学校教育に大いに期待しながらも，結局は入学を断念した子どもたちもいたであろうということを認識しておきたい。

　一方で養護学校の教職員も，重い障碍のある子どもたちが在学することによって，こうした子どもたち一人ひとりに必要とされている適切な教育指導を，個別に準備しなければならないという当たり前の課題を，より深く考えることになった。こうした必要な試行錯誤を経て，養護学校（現在の特別支援学校）で，重い障碍のある子どもたちの発達の保障や人権の保障が，ゆっくりゆっくりと進むことになった。

（2）教育実践家としてのとらえ方

　1950年代当時，ほとんど教育不可能とみなされていた，視覚聴覚二重障碍の子どもに対する教育内容・方法の開発に，多大なる業績を残した心理学者の梅津八三（1906〜1991年）の「障碍」の定義を，一つのとらえ方としてみていく。

　梅津八三は「障碍」を「ある生体における生命過程において，現におこっている "とまどい"，"つまずき"，"とどこおり" である」（梅津 1997）とし，その状況を「障碍状況」と称している。また，この「障碍状況」から立ち直るような新しい対処を発見し，それを実行し，実績をあげることが，教育的対処であるとしている。

　これらの根底には，「人に限らず，生きものが生きている限り，その個体と周囲の間に，なんらかの相互交渉が進行しており，この進行につれて，個体内の状態や周囲の状況も変化する。その個体においては，それらの変化を調節しながら対応したり，対抗する秩序の立て直しやその個体にとって新しい秩序の構成をしたりして，相互交渉が続けられる。このような状況下である個体にとって，個体内の状態や周囲の状況の変化が非常に大きかったり，急激に起こったりすると前述の『障碍状況』に陥る」（藤島 2017，筆者要約）という考えがある。

　ここには「障碍」を単に特別な支援を受けることのできる権利者としての範囲を定めたものではなく，「障碍状況」から立ち直るためには個体内の状態や

周囲の状況の変化に対応する個体の調節や順応の仕方が鍵になるという，教育的対処の手立てを発見するためのヒントをみることができる。

　この考えは，特別支援学校等の教育課程上重要な位置を占める指導領域である「自立活動」の目標「個々の児童又は生徒が自立を目指し，障碍による学習上又は生活上の困難を主体的に改善・克服するために必要な知識，技能，態度及び習慣を養い，もって心身の調和的発達の基盤を培う」（特別支援学校学習指導要領解説　自立活動編，2018）の達成に接近するうえでも意義のあるものである。

　例として，教室が寒くなったことによって障碍のある子ども（A）が学習に集中できないという状況を想定すると，次のような場合が考えられる。

　　　① 教室内温度の低下（周囲の状況の変化）が
　→② Aの体温の低下（個体内の状態の変化）を招く
　→③ その結果，学習活動がとどこおる（障碍＝障碍状況）
　→④ したがって，学習上の困難が生じる
　→⑤ そこで係わり手である教員に「寒い」ということを訴える（秩序の立て直しの手段）
　→⑥ 係わり手である教員は教室内の温度を上げる（周囲の状況の変化）
　→⑦ Aの体温が戻り（個体内の状態の変化）
　→⑧ 学習に集中でき（秩序の立て直し），学習上の困難も解消できる。

　ここでは，Aが係わり手である教員に「寒い」ということを伝達できなければ，学習に集中するという秩序の立て直しはできない（自立活動の「コミュニケーション」に関する内容が課題となる）。このほか，体温調節機能（防衛体力）を向上させること，衣服を重ね着すること，エアコンを操作すること等で個体内の状態や周囲の状況の変化に対応・順応できる知識や技能が学習課題になることが見出せる（自立活動の「健康の保持」「身体の動き」に関する内容が課題となる）。これは個体内の状態や周囲の状況の変化に対応・順応するためのAの調整力の向上である。また，本例のように係わり手である教員に伝え，個体内の状態や周囲の状況の変化に対応・順応できるよう，それぞれを変化さ

せるといったＡの調整力の向上が必要であることはいうまでもない。

　さらに，この「障碍状況」は，法に規定する「障碍（心身機能の損傷）」がある者だけに生じるものではなく，「障碍」がない者にも同じように生起するとしている点も，教育実践家である係わり手にとって認識してほしい事柄となる。なぜならば，特別支援学校・特別支援学級あるいは幼稚園・小学校・中学校・高等学校等に所属する係わり手である教員は，法に規定する「障碍」があろうがなかろうが，等しく目の前にいる子どもの学習上または生活上の困難を，教育による対処によって，軽減・改善をしていくことに，日々努めているからである。

（3）教育実践家としての実践的見識
① 子どもから学ぶ

　近年，授業改善の方法に，業務プロセスの管理手法の一つ方法である「PDCA サイクル（Plan-Do-Check-Act cycle）」を用いることが提唱されている。これは Plan（計画：実態把握を行い，指導目標や指導内容・方法などを設定する）→Do（実行：個別の指導計画に基づき，指導目標の達成に向けて授業をおこなう）→Check（評価：指導目標が達成できたか，指導内容や指導方法が適切であったかなどを評価する）→Act（改善：評価に基づき，個別の指導計画の加筆を行い，授業改善に取り組む）→再 Plan（計画）……というように，このサイクルを繰り返しおこなうことで，螺旋状に次第にプロセスが改善されることが期待されるというものである。

　この手法は「PDCA サイクル」という用語で提唱される以前から，初等中等教育においては「授業研究」として広く実施されてきているものである。ここにおける計画は，1979年度の養護学校教育の義務制実施直前まで，長年の教育経験の蓄積から同年齢の幼児児童生徒（以下「子ども」と記す）が獲得できる（または獲得すべき）平均的な知識や技能等を盛り込んだ教育要領や学習指導要領（以下「学習指導要領等」と記す）に基づいた内容（または準ずる内容）であり，評価もその内容に沿っておこなわれてきた。

　その平均的な内容の獲得が困難と想定される者については，就学の猶予・免

除と称して学校教育を受ける機会が与えられなかった。その数は義務教育対象
者の「約0.1％」（藤原 1982）であり，多くは重い障碍のある子どもたちであ
った。「PDCA サイクル」の手法を取り入れたとしても，どのようなことを目
標に，どのように接近していくかという考え方次第で，負の効果を生じるリス
クがある。

　1872（明治5）年の学制発布以来の国民皆学という理想に向けての最後の挑
戦には，既存の内容を「子ども」における教育の出発点とするのではなく，一
人一人の「子ども」に必要な内容を教育の出発点とする必要があった。しかし，
これらの「子ども」に対する教育経験の蓄積がほとんどない当時，「子ども」
に必要な教育内容等は何かが確定できず，係わり手である教員たちは非常に困
惑した。

　この時期，重い障碍のある子どもたちにおける教育内容・方法を国立特殊教
育総合研究所（現在の「国立特別支援教育総合研究所」，以下「研究所」と記
す）との相互協力の下に開発するため，1973（昭和48）年に「研究所」に隣接
して開設された国立久里浜養護学校（現在の「筑波大学附属久里浜特別支援学
校」）の係わり手である教員においても同様であった。

　「研究所」の研究員や同「研究所」の運営委員であった前出の梅津は，目の
前にいる障碍のある子どもたちが，身体内の状態や周囲の状況の変化にどのよ
うに対応し，あるいは順応して秩序の立て直しをしているか，あるいはどのよ
うな変化に対して障碍状況に陥っているかをつぶさに観察し，そこから指導の
手がかりを得ることに努めた。そこで得た手がかりをもとに教育実践をおこな
い，その成果を個々の子どもの変容から見出し，教育実践の蓄積をおこなって
きた（土谷 2000，筆者要約）。

② 教育的対処の省察

　教育実践の内容・方法が，仮に適時，適切，適度なものであったとしても，
その効果の現れを他の子どもと比較して，遅々としていると感じたり，費やし
た労力から考えると，取るに足らないものだと感じたり，あるいはこれらのこ
とを他の係わり手である教員等から指摘されたりして，教育実践の継続に"と

まどい"，"つまずき"，"とどこおり"を生じてしまうことがある。

　障碍のある子どもは，その障碍により，感覚機能や運動機能等に制約を受けているだけに，その子どもと係わり合う教員は，障碍がない子どもと係わり合う教員よりこのような状況を招きやすい。ましてや教育対象である障碍のある子どもの障碍の状態が，重度であればあるほど，重複していればいるほど，このような状況により多く直面する。

　しかし，係わり手である教員がこの"とまどい"，"つまずき"，"とどこおり"の状態から立ち直るためには，障碍のある子どもの学習による進歩や習得の速度とは，何を基準にして判断すべきかを考えてみる必要がある。障碍の有無にかかわらず，人における進歩とは限りのないものである。あるところまで到達すればそれでよいというものではない。身体内の状態や周囲の状況の変化に対応・順応する手段が，現在より高次化，多様化していれば，それがその子どもにとっての進歩だと考えるべきである。

　その子どもの進歩を高い位置から見下すのではなく，出発点から見上げて，それがたとえわずかなものであっても，その進歩の実現を励みに，教育実践を継続することが大切である。

　また，その子どもが，身体内の状態や周囲の状況の変化が常に一定ではないがために，係わり手にとっては，時には退行したと感じることがある。それでも，しばらくは先を急がずに認められた進歩を確実に進める努力が重要である。それはその後の進歩の堅固な土台となるからであり，どんなに障碍の重い子どもでも人権を尊重した係わり合いと考えることができる。

③ 教育実践の目指すところ

　教育対象者の進歩を見定める教育実践の出発は，教育対象である障碍のある子どもが身体内の状態や周囲の状況の変化に対して"とまどい"，"つまずき"，"とどこおり"を生じている「障碍状況」への対処から始まる。係わり手である教員が教育対象である障碍のある子どもの「障碍状況」にどのように対処していけばよいかわからない時，係わり手である教員はその状況の対処に"とまどい"，"つまずき"，"とどこおり"を生じる。すなわち係わり手である教員も

教育対象である障碍のある子どもと同様に「障碍状況」にあるといえる。先に
述べたように，教育経験の蓄積が極めて少なく，障碍の状態が重度でかつ重複
している子どもに対する教育実践においては，このような状況がより顕著に現
れる。つまり教育実践の出発点においては，教育対象である障碍のある子ども
だけが「障碍状況」にあるのではなく，係わり手である教員と教育対象である
障碍のある子どもの相互が「障碍状況」にあること（梅津は，これを「相互障
碍状況」(1997) と称している）を認識する必要がある。そして，教育対象で
ある障碍のある子どもが「障碍状況」から立ち直る新しい手立てを係わり手で
ある教員が発見し，その手立てに基づいて実践し，成果をあげることができれ
ば，係わり手である教員もまた自身の「障碍状況」から立ち直ることができる。
つまり，この関係は，係わり手である教員が教育対象である障碍のある子ども
の「障碍状況」から立ち直ることを輔け*，その教育対象である障碍のある子
どもの立ち直りが，係わり手である教員の「障碍状況」からの立ち直りを導く
というように，相互がそれぞれの生命活動の調整を高めることを輔け合う関係
（梅津は，これを「相互輔生」(1997) と称している）にあるといえる。

　　＊梅津が「助け」ではなく「輔け」と表記したのは。「輔」の「くるまへん」に
　　次のような思いを込めたものである。車の両輪は，一方だけ動いても前進しな
　　い。その場をぐるぐる廻るだけである。同じ速度で回転することで効率よく前
　　進する。したがって，互いに「たすけあう」関係を表すために，あえて「輔」
　　を用いている。

　教育実践の目指すところは，教育対象である障碍のある子どもが「障碍状
況」から立ち直ることだけにあると考えがちであるが，出発点が障碍のある子
どもと係わり手である教員双方の「相互障碍状況」にあると認識するならば，
目指すところはこの「相互輔生」にあると理解することができるだろう。

　このような観点に立てば，係わり手である教員自らの進歩につながる教育実
践の継続を簡単にあきらめたり，障碍のある子どもの進歩が些細なものである
と見下し，障碍のある子どもたちの人権を無視するような教育的対処は生じて
こないはずである。

引用・参考文献

梅津八三（1997）『重複障害児との相互輔生——行動体制と信号系活動東』京都大学出版
　会.

大沼直樹（2009）『重度・重複障害のある子どもの理解と支援——基礎・原理・方法・実
　際』明治図書.

土谷良己（2000）横浜国立大学「重度精神遅滞児の心理」講義　2000年7月28日.

藤島省太（2017）「教育的係わり合いにおける自成信号系活動の促進に関する論考」『宮城
　教育大学特別支援教育総合研究センター研究紀要』（12）：46-62.

藤原正人編，久里浜の教育同人会著（1982）『重度・重複障害児の教育　久里浜投護学校
　の教育実践報告』光生館.

文部科学省（2018）『特別支援学校学習指導要領解説　自立活動編』開隆堂出版.

渡邉照美・菅原伸康（2021）『障碍のある子どものための教育と保育⑤　物語で読む障碍
　のある子どもの家族のレジリエンス』ミネルヴァ書房.

　　　　　　　　　　　　　　　　　　　　　　　　　　　　　（菅原伸康）

第6章

高齢者の人権

　本章では，少子超高齢社会における高齢者の抱える課題——特に，近年増加する社会的孤立の問題をクローズアップし，諸外国と比べいかに現代社会は孤独を深めているかを，考えていきたい。また孤独は死亡リスクを高め，孤独死を招きかねない。将来皆さんが高齢期を迎えるころ，100歳という年齢はさほど珍しくないと推測されている。現行の60歳定年とすれば，定年後の40年間の老後生活をどのように暮らすのか。もはやこれまでの大学に入学→卒業→就職→定年（退職）→老後といった，「年齢」を軸にした時系列の人生設計のあり方を見直す必要が生じている。働きたい人は70歳を過ぎても働き続ける。車の運転をしたい人は80歳を過ぎても自らハンドルを握り目的地へ行く。大学で学びたい人は90歳を過ぎても大学生として大学に通う。本章を通じ超高齢社会の抱える問題点を理解し，誰ひとり孤立させない超高齢社会を実現するには何が必要なのか。自分ごととしてとらえてほしい。

1　高齢者人口の動向と課題

（1）85歳以上の高齢者人口の増加

　ご存じのとおり，わが国は超高齢社会であるが，65歳以上の人口の伸びは鈍化している。図6-1に示す2020年から2040年までの5年ごとの人口増減率をみると，65歳以上74歳以下の増減率は1.6％→1.1％→1.8％→2.2％と伸びは高くなく，鈍化していることがわかる。一方85歳以上の増減率は，16.5％→15.3％→20.6％→2.2％と，2035年までは大幅な増加が続くことが予想されている。また85歳以上人口の全人口に占める割合は1990年においては1％に満たなかったが，2019年は4.7％，2040年9.2％に達する。ちなみに19歳以下の増減

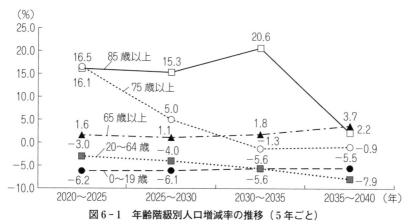

図6−1　年齢階級別人口増減率の推移（5年ごと）

出所）「令和2年度版　厚生労働白書」。

率は−6.2％→−6.1％→−5.6％→−5.5％と，2040年まで一定の割会で減少が続くことが予想されている。

　85歳以上の高齢者が増えるということは，いったいどう意味なのか，少し考えてみたい。病気などにより，身の回りのことが自立してできる人が少なくなり，介護を必要とする割合が急激に増える年齢である。外出することも減り，ひとり暮らしになると，地域から孤立することが懸念される。近くに子ども家族が住んでいれば，援助を求めることはできるが，子ども夫婦の世話にはなりたくないと思う高齢者も少なくない。いずれにせよ，近くのスーパーに必要な時に買い物が行けなくなると，買い物困難を招きかねない。コロナの影響により，自宅でネットによる買い物サービスを利用する若い人が増えている。しかし高齢者はそういうわけにはいかない。また，認知症の発症割合も急増し，住み慣れた地域で生活することがますます難しくなってくる。

　家族と同居していれば家族の協力や援助が得られるが，ひとり暮らしやふたり暮らしになると，介護保険制度のサービスを利用しても自ずと限界がある。認知症になってもこれまでどおりの生活を送るには，地域の認知症に対する理解と地域住民のつながりが必要である。

（2）家族とのつながり

　65歳以上のひとり暮らしの人は増加傾向にある。65歳以上人口に占める割合をみると2000年では男性8.0％，女性17.9％，2015年では男性13.3％，女性21.1％，さらに2040年の推計値では男性20.8％，女性24.5％と増加しており，特に男性の方が増加の伸びが高いことがわかる。

　65歳以上のひとり暮らしの人の近所とのつきあい程度をみると，「親しくつきあっている」と回答した割合は，男性では16.7％，女性では34.6％と，男性の方が女性の半分である。また「つきあいはほとんどない」と回答した割合をみてみると，男性では13.7％，女性では 8 ％と，男性の方が女性より約1.7倍多くなっている。このようにひとり暮らしになると，明らかに男性の方が近所とのつきあいが希薄化していることがわかる。その理由として，女性はこれまで育児や子育てなどを通じ，近所とのつきあいがあるため，ひとり暮らしになってもこれまで通り，近所とのつながりを継続することできる。一方，男性の多くは定年まで地域とのつながりがほとんどなく，定年後も自治会など地域活動に参加せず，配偶者に先立たれると，多くの場合地域から孤立する恐れがある。今後もひとり暮らしの男性が増えるなか，いかに近所とのつながりを構築することができるか，男性高齢者の孤立予防は地域課題のひとつになっている。

　地域とのつながりのみならず，職場（会社）や親せきとのつきあいを重視する人も年々減少しており，「家族が一番大切」という人は年々増加しており，夫婦や子どもなど，家族の人間関係をより重視する傾向が強まっている（図6-2参照）。今日の日本では，都市部に人口が集中することにより，地域のつながりを意味する地縁や親族とのつながりを意味する血縁というセーフティーネットは形骸化し，家族のみの閉ざされた内向きの人間関係の傾向が強い。高度経済成長期を中心とする人口増加の時代では，戦前までの家父長を中心とした家制度や村社会の弱体化した「縁」を補完していたのが，会社への「帰属意識」や「連帯感」による「社縁」である。グラフを見ると1973年から1993年までの20年間は「職場での深いつきあい」は減少傾向にあるものの，「社縁」がもっとも多かった。働いている現役世代は終身雇用により，会社がしっかりとした生活保障を提供していた。住むところの提供にはじまり，家族旅行や会社

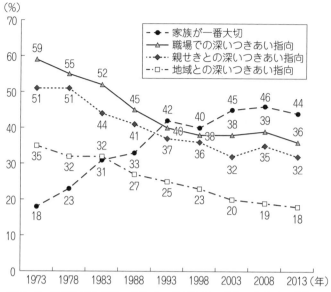

図 6-2　希薄化する職場・親せき・地域とのつき合いと高まる家族の大切さ

注）「家族が一番大切」の比率は統計数理研究所「日本人の国民性調査」（20歳
　　以上80歳ないし85歳未満の成人対象）による。あなたにとって何が一番大
　　切かという問に対する自由回答を整理したもの。深いつきあいの指向の比
　　率はNHK放送文化研究所「第9回「日本人の意識」調査（2013）結果の
　　概要」による。「職場」「親せき」「地域」は「職場の同僚との付き合い」
　　あるいは「親せき」，「隣近所の人との付き合い」について，形式的，部分
　　的でなく全面的つきあい（「なにかにつけ相談したり，たすけ合えるよう
　　なつきあい」）を望ましいとする者の割合。
資料）数理統計研究所「日本人の国民性調査」
　　　NHK放送文化研究所「第9回「日本人の意識」調査（2013）結果の概
　　　要」
出所）社会実情データ図録　http://www2.ttcn.ne.jp/honkawa/

主催の運動会を開催するなど，会社と家族は「社縁」という深いつながりが形
成されていた。しかし，近年ではリストラや早期退職など人員削減がおこなわ
れるなど，「社縁」といった言葉は現代では死語に等しい。
　家族以外のネットワーク，ボランティアや地域活動への参加などといった社
会や地域における人びとの信頼関係や結びつきを表す概念である「ソーシャル
キャピタル（社会関係資本）」といい，社会の結束力，人間関係の豊かさを示
す指標と注目されている。2017年度のソーシャルキャピタルのランキングをみ

ると，日本は全世界中149カ国中，101位と先進国中では最下位でカンボジア，ルワンダ，イランなどを下回った。60歳以上のひとり暮らしの人に，家族以外の人で相談し合ったり，世話をし合ったりする親しい友人がいるか尋ねたところ，「いずれもいない」と回答した割合は，高い順に，日本31.3％，アメリカ14.2％，ドイツ13.5％，スウェーデン9.9％となっており，日本はいかに親しい友人がいない割合が高いか，よくわかるデータである。男性の場合，働いている間は職場の同僚とつながりはあるものの，退職するとつながりは切れてしまう。趣味やボランティア活動に積極的に参画することが望まれる。

（3）ひとり暮らしの課題

① 孤独は社会問題

このように日本の高齢者は，地域とのつながり（地縁）や親せき，職場とのつながり（社縁）が希薄化しており，家族とのつながりを強める傾向がある。そのため配偶者に先立たれ一人暮らしとなると，社会的孤立を招きやすい。2018年1月イギリス政府は「孤独担当大臣」を新たに任命した。わが国でも，社会全体のつながりが希薄化するなか，コロナ禍で人との接触機会が減り，孤独化が顕在化しており，2021年2月内閣官房に「孤独・孤立対策担当室」が新たに設置された。このように孤独はもはや個人の問題でなく，国を挙げて取り組むべき課題といえる。日本はこれまで地縁・血縁・社縁が強く，意識して組織をつくらなくても，「縁」という人をつなぐ機能が備わっていた。しかし，「縁」が弱まると一気に孤独に陥り，社会とのつながりを失うかもしれない。自治会は交流会の開催や地域活動を通じ，地域と住民の「縁」をつなぐ取り組みをしている。現代を生きる高齢者にとって，人とのつながりを戦略的に生み出すことが求められている。

② 孤独死の問題

男性，女性ともひとり暮らしが増加していくと，「孤独死」も大きな社会問題となっている。「孤独死」について，全国の自治体で統一した定義はない。およその共通認識として「自宅で誰にも看取られずに亡くなり，その死が数日

後に発見され，自殺や犯罪性を除く遺体」とされる。死因を問わず自宅で亡くなる人は年間14万〜15万人を推移しており，死因の第1位は老衰，第2位は不慮の事故，第3位が自殺と続く。孤独死は3万人と推計しており，自宅で亡くなる5人のうち1人が孤独死だといわれている。東京都監察医務院が公表しているデータによると，東京23区内におけるひとり暮らしで65歳以上の人の自宅での死亡者数は，令和元年に3936人となっている。65歳以上のひとり暮らし人口が増えるなか，孤独死の増加は避けられない。近隣同士の見守りも大切であるが，自ずと限界がある。安否確認を支援する機器の開発が進められており，緊急時の対応が速やかにおこなわれれば，助かる命を救うことにもなる。こうしたIT技術を活用した見守りサービスの普及が求められる。

③ 孤独がもたらす健康被害

　孤独により人びとの心理面や身体面の健康に悪い影響を及ぼすことが近年明らかになっている。孤独における死亡リスクは，「1日にたばこ15本吸う」「アルコール依存症」と同等である。また，うつ病，統合失調症，薬物依存といった精神的疾患のほかに，心臓病やガンなど，あらゆる病気の発症リスクを大幅に高めることがわかっている。健康のため，喫煙や飲酒をやめるよう本人を説得するより，趣味など共通の価値観をもつ仲間をもつ方がスムーズにいくかもしれない。

④ 新型コロナウイルス感染症の影響

　2020年より新型コロナウイルス感染症の感染防止対策として，外出を控え自粛生活を送ることが要請されている。2020年に東京都内の高齢化率の高い集合住宅に住まう高齢者294名（男性144名，女性150名）に対して，自記式質問票の配布による調査をおこなった（東京大学高齢社会総合研究機構）。外出頻度に関して，41％強の高齢者に外出頻度の著明な低下が認められ，その外出頻度低下群は，そうではない群に比較して，「運動ができない」と感じる方が3.30倍，「会話量の減少」を感じる方が2.82倍多かった。またそのなかでも，14％の方が週1回未満の外出頻度（＝閉じこもり傾向）まで低下していた。そのような

顕著な外出頻度低下の方には，「運動ができない」が5.28倍，「食生活の崩れ」が2.63倍，「会話量の減少」が2.11倍多い傾向が認められた。また，自由記載では「バランスのよい食事ができていない」「買い物に行けず食材が手に入らない」など，食生活の乱れという悪影響も認められた（飯島ほか 2021）。こうした結果から高齢者は過度に外出を控えることで，比較的短い期間で健康状態に何らの影響を及ぼすことが明らかになった。買い物も含め徒歩生活圏の外出行動は，高齢者にとって「不要不急の外出」ではなく，健康のためのみならず，孤独を防止するためにも必要不可欠だと考える。感染対策を徹底した上でおこなうことはいうまでもない。

2　高齢者虐待

（1）虐待の実態

　高齢者虐待防止法（「高齢者の虐待防止，高齢者の養護者に対する支援等に関する法律」）が2006年から施行されている。高齢者虐待の相談・通報件数と虐待判断件数の推移をみると，図6-3上段は，施設職員による相談・通報件数と虐待件数を表しており，図6-3下段は家族によるものである。施設職員では，2015（平成27）年以降，相談・通報件数が急激に増加し，虐待判断件数も比例し増加している，その背景には，サービス付き高齢者住宅など高齢者向け住宅に入居する高齢者数の増加が原因と考えられる。一方図6-3下段の家族をみると，施設職員ほど急激な増加は見られないが，相談・通報件数は増加傾向であるが，虐待判断件数は2010（平成22）年以降ほぼ横ばいである。介護の相談窓口が家族にも認知されるようなったことが考えられる。

　この法律では，高齢者への虐待は同法第2条4項から6項で規定されており，① 身体的虐待，② 介護・世話の放棄・放任（ネグレクト），③ 心理的虐待，④ 性的虐待，⑤ 経済的虐待となる。児童虐待と異なる点として，経済的虐待が挙げられる。経済的虐待とは，本人の合意なしに財産や金銭を利用し，本人の希望する金銭の使用を理由なく制限することである。家庭内での高齢者虐待をみてみる。

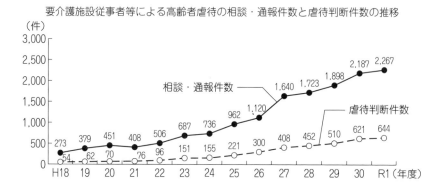

要介護施設従事者等による高齢者虐待の相談・通報件数と虐待判断件数の推移

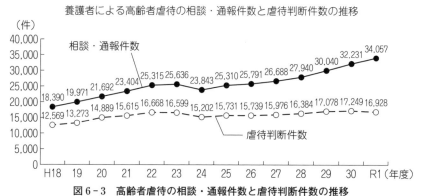

養護者による高齢者虐待の相談・通報件数と虐待判断件数の推移

図6-3　高齢者虐待の相談・通報件数と虐待判断件数の推移

出所）厚生労働省「令和元年度「高齢者虐待の防止，高齢者の養護者に対する支援等に関する法律」に基づく対応状況等に関する調査結果」。

（2）家庭内での高齢者虐待

① 誰が虐待しているか

　2019年度の厚生労働省の調査によると，家庭内で虐待される高齢者の性別をみると，女性が75.2％，男性が24.8％であり，女性が8割近くを占めている。一方虐待した続柄は，息子が40.2％と最も多く，次いで夫が21.3％，娘が17.8％の順であった。図6-4の虐待種別の割合をみると，身体的虐待が67.1％と最も多く，次いで心理的虐待が39.4％，ネグレクトの順番になる。娘の場合では，身体的虐待よりも心理的虐待なネグレクトの割合が多くなる。心理的虐待の一例を示すと，認知症の母親が排泄を失敗したとき，「3歳になる孫でも自分でおトイレができるのに」と，娘が母親に自尊心を傷つける暴言を

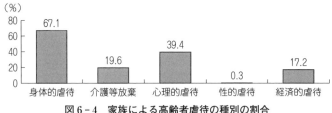

図6-4　家族による高齢者虐待の種別の割合
出所）厚生労働省「令和元年度「高齢者虐待の防止，高齢者の養護者に対する
　　　支援等に関する法律」に基づく対応状況等に関する調査結果」。

いう。ネグレクトの例では，排泄物が溜まったオムツを交換しない，食事や水分摂取をあえてしないなどが挙げられる。

② 虐待の背景

　虐待が発生した背景をみると，虐待する側の要因として「性格や人格」が最も多く（54.2%），「介護疲れ・介護ストレス」（48.3%）などが挙げられる。虐待を受ける側の要因として「認知症の症状」が（53.4%）「身体的自立度の低さ」（39.8%）などが挙げられる。そのほかの要因として「家庭の経済的困窮」（33.2%）など挙げられる。こうした状況を鑑みると，未婚の息子との同居や夫婦のみ世帯での虐待が多いことがうかがえる。家庭内で起こる高齢者虐待とは，男性介護者が認知症である母親（妻）に身体的虐待を加えているということである。介護に関する悩みや困りごとを同僚や友人に相談ができず，ひとりで抱えてしまうことが介護する男性に多くみられる。家の介護事情を世間にさらけ出すことは家の恥であり，みっともないと思う慣習が女性より男性の方が多く，誰にも相談できず世間から孤立する男性も少なくない。ほかの要因として子育ての経験も考えられる。子育ての経験がなく，自分の思うとおりにいかないと気が済まないような性格だと，すぐに腹が立ち介護ストレスもあり虐待する傾向が高いと考えられる。

③ 認知症を患う

　被虐待高齢者の約8割は認知症を患っている。認知症があると，思うようにいかないことが多く，ストレスを感じやすい場面が多い。認知症は進行性の病

気であり，自立してできていた食事やトイレなどの日常生活動作が時間の経過とともに，やがては介護が必要となる。介護保険を申請する原因の第一位は認知症である。特に85歳以上になると発症率が5割近くになる。虐待高齢者の要介護状態区分をみると，最も多いのは要介護1と要介護2で合わせると47%，虐待が最も少ないのは要支援1（6.8%）で次いで要介護5（7.3%）である。つまり，虐待は介護度の重度化と相関はなく，自立レベルから介護レベルに移行する要介護1・2の方が身体的な介護負担が増え，夜間の介護頻度も増し，こころもからだも介護疲れがピークに達するものと考える。特に夜間就寝中にトイレ介助のため，幾度も寝ているところを起こされるのは，極めて大きな介護ストレスとなる。

（3）虐待の防止，予防

　高齢者虐待防止法では，高齢者虐待を受け生命や身体に重大な危険が生じている可能性がある高齢者を発見した場合は，速やかに市町村に通報する義務がある。このような通報により，自らSOSを出しにくい高齢者虐待の早期発見につながり，介護者の孤立を防ぐことが期待できる。しかし，通報へのハードルは高く，「虐待である」と認知されない可能性もある。虐待が認知されなくても，市町村が早期に介入することにより，こうした事案を把握することができる。また介護者に地域包括支援センターなど，介護相談ができる公的サービス情報を提供し，孤立を防ぐことも重要である。高齢者虐待の予防は，親の世話（介護）は子の義務であるという古き慣習にとらわれ，重度の介護ストレスを抱え込み，地域から孤立した介護者をいち早く見つけることだと考える。児童虐待の場合，近隣や保育園など子どもを見守る多くの大人の目があるが，在宅高齢者虐待の場合では，介護保険サービスを受けていなければ，誰にも気づかれることはない。介護者が息子で日中仕事に行っていると，近隣との交流も希薄化し，介護疲れや介護ストレスを上手くコントロールできず，虐待につながりやすい。まずは介護保険サービスが受けられるよう地域包括支援センターに相談することが先決である。レスパイトケアという考えがあり，要介護状態の方が，福祉サービスなどを利用している間，介護をしている家族などが一時

的に介護から解放され，休息をとれるようにする支援がある。また，地域と交流があれば，民生委員や住民に悩みを打ち明けるだけでも介護ストレスを和らげることが期待できる。とにかくひとりで抱え込まず，家族や地域，そして専門家などに介護の大変さを打ち明けることが求められる。

3　高齢者の諸問題

（1）高齢就労の問題

　労働政策研究・研修機構によると，45～59歳の中高年層で「60歳を過ぎても働きたい」という意欲をもつ人たちは 8 割を超える。しかし，仕事に就けない人は多くその理由を尋ねると，「年齢制限があって働けない」56％，「希望する内容の仕事がない」15％など，高齢という年齢により就労が制限されている。仕事が見つかっても，「きつい」「汚い」「危険」の 3K 職場で働かなければならない現実が散見される。若い人たちはじめ社会全般に，高齢者に対する意識や理解が不足していると思われる。介護が必要になり，高齢者施設に入所すると，「高齢者＝幼児に帰る人」という偏った眼鏡で見られ，介護スタッフに「赤ちゃん言葉」で話しかけられ，怒っている男性高齢者を目撃することがある。毎日の日課として，施設ではぬり絵や計算ドリル，ゲームなど，本人の意思にかかわらず，全員参加が求められる。「老いては子に従え」といわれるが，子でもない孫のような介護スタッフに「赤ちゃん言葉」で話しかけられ，そこには人としての尊厳は守られておらず，健全な社会であるとはいえない。高齢者ひとり一人これまで歩んできた人生があり，かけがえのない存在であることを社会全体が再認識しなければならない。

　こうした高齢者に対する「年齢差別」の社会を見直し，改めようという動きがある。「雇用における年齢差別禁止に関する研究会」（経済企画庁）が段階的に制度改革を進めて年齢差別撤廃に取り組むことを提言した。その根拠として，定年という年齢だけを理由に画一的に，強制的な方法で賃金，能力の調整をしていては，活用できるはずの人的資源を失うことになり，経済の根本さえ揺るがしかねない問題をはらむ。加えて中高年の早期退職・リストラ・賃金抑制・

表6-1 年齢差別禁止に向けた諸外国の取り組み

米国	1967年に「雇用における年齢差別禁止法（ADEA）」成立
カナダ	70年代までにすべての州で年齢差別禁止法制を立法化
豪州	90年に南オーストラリアで初めて年齢差別禁止法制を立法化。以後，すべての州で年齢差別を禁止。
EU	「雇用及び職業における均等待遇の一般的枠組みを設定する指令」 ・加盟国に宗教及び信条，障害，年齢，性的志向による差別を禁止する国内法の整備を義務づけ ・期限は2003年12月（年齢と障害は3年の期限延長が可能）
英国	2006年に「雇用均等（年齢）規則」を施行
フランス	2001年の「差別防止に関する法」により，労働法典における差別禁止事由に年齢等を追加
ドイツ	2006年に年齢を含む幅広い事由による差別を包括的に禁止する「一般均等待遇法」が成立
ベルギー	2003年に包括的な年齢差別禁止法を制定
アイルランド	98年の「雇用均等法」で年齢を含む幅広い事由による雇用差別を禁止
フィンランド	2000年の憲法改正で年齢差別を禁止，「雇用契約法」改正（2001年），「差別禁止法」改正（2004年）によりEU指令に対応
オランダ	2003年に「雇用における均等待遇（年齢差別）法」成立
イタリア	2003年の政令でEU指令に対応

出所）「みずほリサーチ」（2017年6月）。

中途採用・パート労働・契約社員への置き換えという事態が生じている。このままいけば，現役労働者の税，年金保険金などの負担がきわめて重くなり，社会全体が大きなコストを負担することになると，「雇用における年齢差別研究会」は分析している。

　欧米など世界各国で進む雇用に関連した年齢差別をなくす取り組みが進んでいる（表6-1）。米国では1967年に「雇用における年齢差別法」が成立したほか，カナダでは1978年，オーストラリアでは1990年に，法律で年齢差別を禁止している。日本は雇用対策法の改正（2001年）により，「雇用主は，……労働者の募集や採用について，その年齢にかかわりなく均等な機会を与えるように努めなければならない」（7条）と定めているが，単なる努力義務にとどまっている。

　それではどうしたらよいのか。先の欧米など世界各国で進む雇用に関連した

年齢差別をなくしている現状を知ることは重要である。働く意思と仕事能力が
ある高齢者が，本格的に働き続ける「生涯現役社会」の仕組みをつくることが
求められる。意欲のある高齢者が働くことで年金負担者のすそ野が広がり，現
役世代の負担を増やさず，年金給付の水準をあまり削減しなくてすむことを広
く理解することが必要である。

　戦後生まれの「団塊の世代」は2025年に全員が75歳以上の後期高齢者となる
超高齢社会の現代。人生100年時代といわれるなか，ますます「高齢者だから」
という偏見や年齢差別をあらためることはいうまでもない。世代間が協調し，
共存への理解をより一層深め，仕事の適正に問題がなければ，誰もがいつまで
も就労できる社会が求められる。特に男性は働き続ける方が生きがいにもなり，
健康増進につながることがわかっている。今後企業は高齢者就労など多様で柔
軟な働き方ができるよう取り組むことが求められる。

（2）高齢ドライバーの問題

　高齢者の免許保有者は年々増加している（図6-5）。後期高齢者である75歳
以上に着目してみてみる。2019（令和元）年の75歳以上及び80歳以上の免許保
有者数は，2009（平成21）年と比較して，75歳以上は約1.8倍，80歳以上は約

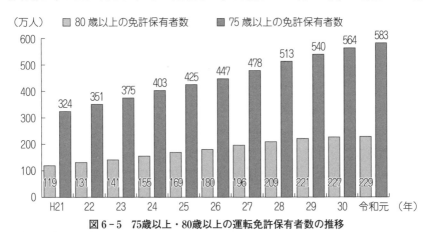

図6-5　75歳以上・80歳以上の運転免許保有者数の推移

注）　1　警察庁資料による。
　　　2　各年は12月末の運転免許保有者数である。
出所）『令和2年交通安全白書』。

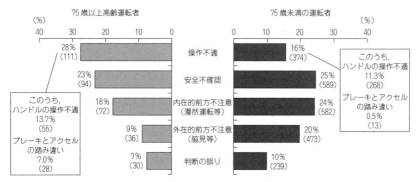

図 6-6　死亡事故の人的要因比較（令和元年）

注）1　警察庁資料による。
　　2　第1当事者が原付以上の死亡事故を計上している。
出所）『令和2年交通安全白書』。

1.9倍となっており，10年間にともに増加を続けている。一方死亡事故件数の
推移を見ると，免許75歳以上高齢運転者について過去10年間減少傾向にある。
テレビのニュースなどで高齢ドライバーの事故が大きく報道されているが，75
歳未満の高齢ドライバーによる死亡事故件数は減少している。一方，80歳以上
の死亡事故件数は1999年から増え続けている。図6-6に示す死亡事故の人的
要因比較をみてみると，「操作不適」による事故が75歳以上の場合28％と最も
多く，一方75歳未満の場合16％とさほど多くはない。内訳をみると，「ハンド
ル操作不適」については，75歳以上（13.7％）は75歳未満（11.3％）より多い。
「ブレーキとアクセルによる踏み違い」については，75歳未満が全体の0.5％に
過ぎないのに対し，75歳以上は7.0％と，実に75歳未満の14倍にもなる。この
ように，死亡事故件数は減少しているものの，ハンドル操作ミスやブレーキと
アクセルの踏み違いなどによる死亡事故のニュースが後を絶たない。高齢ドラ
イバー対策として，すでに2017年に道路交通法改正により，70歳以上の高齢者
には運転免許更新時に認知機能検査や実車指導が全員に果たされている。

　高齢ドライバーの死亡事故のニュースを見て，運転免許証を返納する高齢者
もいるものの，全体としては多くない。「免許を取得する年齢が定められてい
るのだから，免許を返納する年齢も検討すべき」という意見も出てくる。そも
そも高齢者，とりわけ75歳以上の後期高齢者にとって自動車を所有する意味を

考えたい。若い人の移動手段は外出先や外出目的により移動手段を選択する。たとえば，自宅近くのコンビニに行くには自転車，雨が降っていると自動車，通学にはバスと電車の利用，週末日帰りで友達と海水浴に行く場合は自動車など。ところが，後期高齢者になると体力低下や健康状態により移動手段が限定される。バス路線が整備されていても，自宅からバス停まで徒歩で行けない高齢者も存在する。自動車がないと食料品や日常生活品の買い物ができなくなるいわゆる「買い物困難者」になりかねない。近年，商店街の閉鎖やスーパーの撤退などにより，都市部でも身近にあったスーパーが相次いで消えていっている。買い物のほか，通院や金融機関に行くに自動車が必要不可欠となる。もちろん，子ども夫婦が近くに住んでいれば，ある程度はカバーすることができる。いずれにせよ移動手段が自動車である高齢者にとって，運転免許証を返納することはこれまでの自分らしい自立した健康的な生活を奪うことになる。高齢者の閉じこもりや社会的孤立の引き金になることもある。

　運転技能の低下した高齢ドライバーを運転させない，という対策だけですべてが解決するわけでない。運転免許証の自主返納を進めるには，乗り合いタクシーへの助成やコミュニティバスの運行など，生活の利便性を下げない施策も同時におこなうべきである。自主的に免許返納を勧めるには，高齢ドライバーの心情への配慮も必要である。免許返納に強い拒否を示す高齢ドライバーに自主返納を持ちかけると，プライドを著しく傷つけられたと抵抗を示す。加齢に伴う能力低下をあまり感じていない人，感じているけど目を背けている人。自分が車の運転ができなくなった高齢者であると突き付けられたことを受け入れがたい高齢者も少なくない。家族は高齢ドライバーの心情を理解し，そこから発せられる悲しみや怒りの感情を受け止めなければならない。家族は自主返納を持ちかけると同時に，返納したあとの生活様式を具体的に説明し，高齢ドライバーの抱く不安を少しでも和らげる工夫が求められる。

１．ひとり暮らしの後期高齢者が地域から孤立することなく安心して暮らすために，皆さんならどんな支援ができますか。

２．高齢の母親を虐待する息子とわが子を虐待する父親。虐待にいたる背景として，共通点と相違点を考えてください。

引用・参考文献

飯島勝矢ほか（2021）「5．フレイル健診　COVID-19 流行の影響と対策――「コロナフレイル」への警鐘」『日本老年医学会雑誌』58(2)：228-234.

大嶋寧子（2007）「欧米諸国における年齢差別禁止と日本への示唆」みずほリサーチ.

厚生労働省（2020）「第1章　平成の30年間と2040年にかけての社会の変容」『令和2年版厚生労働白書』.

厚生労働省（2019）「令和元年度「高齢者虐待の防止，高齢者の養護者に対する支援等に関する法律」に基づく対応状況等に関する調査結果」.

内閣府（2021）「第1章　高齢化の状況」『令和3年版高齢社会白書』.

内閣府（2020）「令和元年度　交通事故の状況及び交通安全施策の現況」『令和2年交通安全白書』.

結城康博（2014）『孤独死のリアル』講談社現代新書.

Holt-Lunstad J., et al.（2015）"Loneliness and Social Isolation as Risk Factors for Mortality: A Meta-Analytic Review," *Perspectives on Psychological Science*, 10(2): 227-237.

Legatum Institute（2017）"The Legatum Prosperity Index".

（髙井逸史）

第 7 章

医療と患者の人権

　本章ではインフォームド・コンセントという概念を中心に，医療現場における患者の権利について述べていく。まず第1節では，インフォームド・コンセントの起源や定着までの経緯など，その歴史的背景について概観する。続いて第2節では，インフォームド・コンセントという考え方について理解を深めた後，過去の医療のあり方であるパターナリズムについて触れる。さらに第3節では，実際にあった事例や判例を取り上げつつ，患者の権利の制限について言及する。そして最後の第4節では，インフォームド・コンセントの課題について述べていく。なお，第3節で扱う権利の制限や第4節で扱う課題については，議論が多く存在するため，本章ではそのなかから一部のものを簡抜するのみに留めている。上記の内容からも読み取れるとおり，本章では患者の権利というテーマについて，基礎的な知識を養うことを目的とする。

1　インフォームド・コンセントとその歴史的背景

（1）インフォームド・コンセントとは

　インフォームド・コンセントとは，見てのとおり inform と consent からなる言葉であり，日本語では「十分な説明を受けた上での同意」，あるいは単に「説明と同意」と訳されることが一般的である。なお，昨今では inform が受動態の informed となっていること，言い換えれば「説明を受ける患者」を主語としていることから，前者の訳し方をより適切とする意見も多く見受けられる。そこからは，治療の主役が医師ではなく患者であるという意図がうかがえる。インフォームド・コンセントの内容を簡単に説明すると，患者が医療者から病状，検査・治療の必要性，およびその概要，予測される効果とリスク，代替手

段などについて説明を受け，なおかつそれらに対する十分な理解と同意をもってはじめて治療が始まるという考え方である。そこでは患者の自己決定権の尊重を何よりも強く義務づけている。このような考え方が，今現在の医療界において広く浸透していることはいうまでもない。だが以前はそうではなく，インフォームド・コンセントの定着には，戦後以降，多大な議論を要することとなる。

（2）世界の動向

　議論の発端は第二次世界大戦後，戦争犯罪を裁く国際法廷にて定められた「ニュールンベルク綱領」まで遡る。戦時中，主にナチス・ドイツでは被験者の同意なき人体実験が当然のごとくおこなわれてきた。毒ガス実験や流行性黄疸（肝炎）実験などはその有名な一例であり，誰もが一度は耳にしたことがあるかもしれない。ニュールンベルク綱領とは，そのような事実を重く受け止めたがゆえに定められた倫理原則であり，そこでは人体実験を厳しく制限するとともに，被験者の同意を絶対のものとして位置づけている。なお，ニュールンベルク綱領以前においても，患者の同意と治療をテーマとする判例が多く存在したことは付け加えておくべきであろう。

　そしてその綱領は，1964年に世界医師会で採択された，ヒトを対象とする生物医学的研究に携わる医師のための勧告，すなわち「ヘルシンキ宣言」へと引き継がれる。ただ，ここまでの動向はヘルシンキ宣言の内容からも読み取れるとおり，あくまで医師のためのものであり，患者の視点で語られたものではない。また「ヒトを対象とする生物医学的研究」との文言から，人体実験の場における被験者の同意を想定したものであり，日常的な治療や臨床の場を想定したものではないことがわかる。これらの人体実験に関する動きが，今日の一般的な治療の場面でいうインフォームド・コンセントという概念に対して大いに影響を及ぼしていることは明らかである。だが，その実現には上記の議論に加えて，他でもない患者の立場からも権利を主張する必要があった。

　インフォームド・コンセントという言葉が初めて用いられたのは，1957年のサルゴ対スタンフォード大学評議会判決においてである。当判決はマーティ

表 7-1　患者の権利にかかわる主な出来事

年		内容
1947年	ニュールンベルク要領	医学実験の遵守条件
1964年	ヘルシンキ宣言 （世界医師会）	被験者を用いた医学研究の倫理規範
1973年	患者の権利章典 （アメリカ病院協会）	患者のもつ諸権利を明確化
1981年	リスボン宣言 （世界医師会）	世界規模で患者のもつ権利を明確化

出所）筆者作成。

ン・サルゴ（Martin Salgo）という名の患者が，経腰部大動脈造影検査を受け
たことを発端とする。その検査の結果，合併症で下半身麻痺となったサルゴは，
合併症のリスクについてあらかじめおこなうべきであった情報提供を病院側が
怠ったとして，病院に損害賠償を請求する。判決の結果は患者側の勝訴となり，
これを機に医療行為をおこなう際には，必要な情報を開示することが医師の義
務として認められた。さらに1960年代のアメリカでは，公民権運動，消費者運
動，フェミニズム運動などを例とする，いわゆる権利獲得運動が巻き起こる。
その潮流のなかで患者の権利を求める声が生じた結果，先述のヘルシンキ宣言
にて確立された同意の原則は，人体実験の被験者の権利から治療を受ける患者
の権利へと拡張，発展を遂げる。

　その内容は，アメリカ病院協会がまとめた1973年の「患者の権利章典」にお
いて詳しく記されることとなる。そして患者の権利章典と並んで注目されたの
が，それから 8 年後の1981年に世界医師会（WMA）によって採択された「リ
スボン宣言（患者の権利宣言）」である。同宣言では，「医師が是認し推進する
患者の主要な権利」が11項目にわたって定められており，選択の自由の権利や
自己決定の権利などがその一部にあたる。このような経緯を経て，ようやく患
者の人格・権利を尊重した医療が，患者および医療者の双方の立場から明確に
され，現在のインフォームド・コンセント型の医療を基礎づけるに至る。なお，
これらの動向については表 7-1でもまとめているので，そちらも参考にして
ほしい。

（3）日本の動向

　では，わが国におけるインフォームド・コンセントの導入はいかなる経緯を経たのであろうか。日本では，1970年代に医療行為についての説明が成されなかった場合において，医療者の民事責任を認める判例が積み重ねられた。1971年の乳腺症事件東京地裁判決，1976年の僧帽弁置換手術東京地裁判決，1978年の札幌ロボトミー事件札幌地裁判決などがその例に当たる。そして1980年代も後半に差しかかった頃，欧米の動向に追従する形でインフォームド・コンセント型の医療が求められるようになり，以降急速に広まっていく。さらに1990年，その影響を受けた日本医師会の生命倫理懇談会が，「説明と同意」についての報告を発表する。しかしそこでは，「欧米の文化をバックグラウンドとするインフォームドコンセントを文化の違う日本に導入するべきではなく，日本には独自の社会的伝統があるので必ずしも欧米にならう必要はない」との立場が取られており，同報告の内容は医師の優位性を強調するのみに留まってしまう。その後も自己決定権やインフォームド・コンセント型の医療を求める患者の権利運動は高まっていったが，実際に「説明と同意」が法律に努力義務規定として盛り込まれるには，1997年の医療法改正を待つこととなる。こうしてようやくわが国においても，医師・医療チームが疾患や治療について患者に説明し，情報の提供と意思決定の支援を促すインフォームド・コンセント型の医療が常態化し始める。

　以上，ここまでインフォームド・コンセントが定着するまでの過程を駆け足で概観してきた。いうまでもなく，ここで紹介したものはインフォームド・コンセントに関する判例や報告はほんの一部にすぎない。しかし，本節においてその全てを紹介することは到底不可能であるため，上記で述べた主要なものだけに留めておく。インフォームド・コンセントの歴史的背景についてさらに学習を深めたい場合は，ルース・R・フェイドン（Ruth R. Faden）とトム・L・ビーチャム（Tom L. Beauchamp）の書籍などを参考にすると良いであろう。

2 インフォームド・コンセントと医療のあり方の変遷

（1）インフォームド・コンセントの構成要素と例外的状況

　前項ではインフォームド・コンセントが定着するまでの過程を，極々大まかにではあるが時系列で追ってきた。続いて本項では，インフォームド・コンセントという考え方についてより理解を深めていくことにする。

　インフォームド・コンセントは，以下の要素を基本にすえている。まず最初に，医療者による治療に関する情報開示および説明である。患者の病名や病状，必要な治療とその概要，治療のメリットおよびデメリット，治療の効果および予後の見通し，治療が成された場合のリスク，治療が成されなかった場合のリスク，代わりうる治療の可能性などがその内容に当たる。なお，これらの内容については難解な医療用語を使わず，可能な限り平易な言葉をもって説明することが望ましい。次に患者がはっきりとした意識で正常な理解と判断ができること，すなわち患者の自己決定能力である。意識はあっても不安や緊張で正常な判断ができない場合や，そもそも意識不明の重体である場合は患者に自己決定能力がない状態といえる。そして最後に，患者が何者にも干渉されず真に自己決定をできる状況である。治療に際して，患者は医師から治療法についての情報開示と丁寧な説明を受けた上で，自身が最もよいと判断した治療法に同意する権利をもつ。言うまでもなく，判断に必要な情報を隠したり，医療者が患者を脅迫して自分の意図する方向へと誘導するようなことがあってはならない。以上の要件が揃ってはじめて，インフォームド・コンセントは有効なものとして成立する。なおこれらの要件のエッセンスは，古くはサルゴ判決の判決文においてもうかがうことが可能であろう。

　ただし，インフォームド・コンセントを受けずとも治療を可能とするケースもいくつか存在する。一つ目は精神保健福祉法や感染症法など，国が決定したケースである。この場合は，検査，隔離，入院などの治療をおこなうに当たって，患者の同意を必要としない。2020年のコロナウイルス流行下において，わが国のとった措置などはその良い例といえるであろう。二つ目は，患者自身が

自己決定能力を欠いたケースである。具体例を挙げるならば，事故などの救急搬送時に患者の意識が確認できない場合である。また，障害などで自分の置かれた状況を冷静に判断する能力に欠く場合もこれに該当する。そして三つ目に，患者本人が医療情報の開示を望まない場合である。インフォームド・コンセントを希望しないとの意思が患者からはっきりと示されているならば，治療をおこなうに当たっての患者本人の同意は必要にならない。

（2）インフォームド・コンセントの根底にある理念

　ここまで，インフォームド・コンセントが真に有効なものとして成立する要件，ならびにインフォームド・コンセントを受けずとも治療を可能とする例外的な状況について述べてきた。これらの内容をまとめると，インフォームド・コンセントは例外的な状況でない限り，治療に関する情報の開示とそれについての丁寧な説明，ならびに患者自身の納得と自己決定権に基づく明示的な同意を何よりも重要視していることがわかる。その根底には，情報の帰属性の問題や治療における侵襲性の問題などが想定できるであろう。情報の帰属性の問題とは，治療に際して医療者がもちうる情報，すなわち病気に関する情報は誰の所有物かという問題である。当然，これは患者自身の体の情報，つまり自己情報であるから他でもない患者自身の所有物といえる。無論，患者のものであるがゆえ，当人はその情報の開示を無条件に請求できる権利をもつ。次に侵襲性の問題であるが，侵襲性とは体を傷つけることを意味する。具体的な例を挙げると，注射や手術，副作用のある薬の投薬などがそれに当たる。これらの治療をするに当たって，苦痛を被るのは患者自身に他ならない。同様に，治癒したり悪化したりといった治療の結果は良くも悪くも患者の体にふりかかる。そのため，同意なき治療ないし接触は不法行為と位置づけられている。加えて，医療現場に限らず近代以降の社会では，自らのことは自分で決定するという自己決定権を侵されざる基本的人権として尊重してきた。ゆえに，自分の身体に関する治療の決定権も患者自身がもつべきと理解されている。これらの背景がインフォームド・コンセントという思想を形作り，その普及を推し進めてきたことは想像に難くないであろう。

（3）パターナリズム

　先でも述べた通り，現代ではこのような思想に基づくインフォームド・コンセント型の医療が当然のごとく浸透している。では，それ以前の医療はどの様な形で成されてきたのであろうか。この説明については，しばしばパターナリズムという言葉が用いられる。パターナリズムとは父，神父，父なる神を指すパテル（pater）というラテン語を語源とする言葉である。この言葉に完全に合致する日本語はないとされているが，多くの場合は父権主義，家族主義，干渉主義，温情主義などと訳される。その内容は，一家の代表者が他の家族に命令する権利をもつように，ある者が正しい判断ができない他者になり代わって物事を決定し，その判断が相手にとっても良い選択であると信じて，相手をその方向へと従わせることである。その干渉はあくまで相手の利益を考慮し，庇護する目的で成されていることであり，決して横暴や悪意によるものではない。

　古来より，二千数百年もの間，医療はこのようなパターナリズムに基づいておこなわれてきた。そこには，病に侵された患者に負担をかけるべきではないという気遣い，あるいは「高度な専門知識を必要とする医療の話をしたところで，患者に正常な判断を期待することはできない」などといった考えが存在する。伝統的な医療の場において，医師は患者の治療をおこなう技術的な側面はもちろん，患者にとって何が最善であるかという価値感の問題においても正確な判断が下せると信じられていた。そして，患者は医師の判断に全てを委ねることが望ましいとされてきた。その関係は，たとえ医師の示す治療に対して患者が消極的であっても概ね変わることはない。患者のためを思うがゆえ，時には患者自身が消極的であっても苦痛を伴う手術を施し，時には薬の効果や副作用に関する情報を伝えぬまま薬剤を使用し，また思わしくない診断結果が出た場合には患者の気分を害すまいと結果の通達を差し控えることもあったであろう。医療はその歴史の大分部において，患者を十分な判断力が備わっていない子どものように扱ってきた。そして医師は，そのような患者を気遣い，教えを諭す正に父親のごとく振舞うことが当然とされてきた。しかし，20世紀に入るとその様相は大きく変化する。これについては，先の節で述べた通りである。

　もともとパターナリズムという言葉は医療の分野における専門用語ではなか

った。だが，インフォームド・コンセント型の医療を主流とする今日において，その言葉は専ら過去の伝統的な医療のあり方を指すものとして定着している。しかも，それは批判的なニュアンスで語られることが多い。すでに述べたとおり，インフォームド・コンセント型の医療では，医師と患者の関係は水平，あるいは対等なものとして理解される。患者は自らの体に関する情報を医師より得る権利をもち，医師はその情報と治療方法ついて患者が納得を得るまで説明する義務がある。その上で治療を受けるにせよ拒否するにせよ，患者自身が自ら決定することに重きを置いてきた。これに対して，パターナリズム型の医療は全てを医師に委ねる言わばお任せ医療であり，治療が患者の体に対して成される行為であるにもかかわらず，その決定権は医師にあるとされる。先の節でも述べたとおり，今日のインフォームド・コンセント型の医療は侵襲性の問題や情報の帰属の問題，自己決定権などの要素を中心に発展を遂げてきた。それらの視点からすれば，患者の体に対して成される医療行為において，患者自身が決定権をもたぬことには当然違和感をおぼえるであろう。今日，パターナリズムがしばしば批判の対象となるのは，このような背景に依るところが大きい。

3　患者の権利と制限

（1）患者がもちうる権利

　前節ではインフォームド・コンセントの内容について理解を深めるとともに，それ以前の形式であるパターナリズム型の医療についても触れてきた。前者を語る際に，しばしば後者が批判的に扱われることは先でも述べたとおりである。現にここまでの内容を踏まえると，「パターナリズムは融通の利かぬ古く劣った型式であり，インフォームド・コンセントは患者の意思に寄り添う新しく優れた型式である」との印象を抱く人も少なくはないであろう。事実，今日の医療現場において成されている医療は，概ね患者の意思に重きが置かれており，患者は治療を受けることに加えて，治療を拒む権利ももつとされる。なお，実際の医療現場において，患者の権利が十分に尊重されているか否かという問題も存在するが，今回は割愛しておく。ただ，何時いかなる状況においても患者

の権利が最優先されるとは限らない。いかに患者の権利が重要視されていると言えど，そこには必ず限界と呼ばれるものが存在する。たとえば，医師に対して行き過ぎた要求をすることはできないし，治療の場面において患者の意思が患者の身体的利益に優先しないケースとて当然ありうる。

　そこで本節では，実際にあった事例や判例と共に上記に類するケースについて簡単に述べたいと思う。言わずもがな，患者の権利の範囲をテーマとする議論は数多く存在し，またその種類も多岐にわたるため，その全てをここで語ることは難しい。ゆえに本節では，そのなかから治療中止にかかわる話題を簡抜し，手短く紹介するのみに留めておく。

（2）患者の権利の限界：川崎協同病院の事例から

　それではまず，実際にあった川崎協同病院事件という事例について紹介する。本件は，終末期医療の場面における生命維持治療の中止を問うたケースである。

　1998年の11月2日，気管支喘息重積発作を起こし，心肺停止となった男性が川崎協同病院へと搬送された。病院での救命措置により心肺は回復したものの，低酸素脳症のせいで意識の回復までは至らず，男性は人工呼吸器を装着した上で入院することなる。それから4日後の11月6日，何とか呼吸も再開し人工呼吸器は取り外されたが，呼吸にまだ不安があったため，気道確保用の気管内チューブだけは残されたままとなる。その後，男性がほぼ確実に植物状態であり脳死状態であると判断した担当医は，男性の家族にその旨を説明し，気管内チューブの抜去を申し合わせる。そして同年の11月16日，病室に男性の家族が集うなか，担当医は気管内チューブの抜去を実行し男性の死亡を待った。しかし，担当医の予想に反して，男性は苦悶様呼吸を始めてしまう。それを鎮めるべく担当医は鎮静剤を注射したが，なおも苦悶様呼吸は収まらず，続けて筋弛緩剤を注射する。その結果，呼吸と心肺が停止し男性が死亡したため，担当医は殺人罪に問われることとなる。判決の結果，第一審である横浜地裁判決にて殺人罪が成立し，担当医は懲役3年執行猶予5年を言い渡される。続く第二審の東京高裁判決においても殺人罪は成立したものの，懲役は1年6ヶ月執行猶予3年に減刑となる。なお，最高裁への上告は棄却されたため，高裁判決が確定と

なる。ただ，今回注目するべき事は判決の結果よりもむしろ，その結果が導き出された要旨の方であるだろう。

　本件は，当時の延命治療のあり方に疑義を呈しつつ，終末期における患者の自己決定の裁量や，医療者側の治療義務を問題としている。2005年3月の横浜地裁での一審判決では，治療中止は患者の自己決定の尊重と医学的判断に基づく治療義務の限界とを根拠として認められるとした。要するにこれは，患者自身が治療の中止を希望し，なおかつ有効な治療が望めない状況において，治療者側に治療を継続する義務がないことを意味している。そして患者の自己決定を認める前提として，以下の要件を挙げている。一つ目は，患者が回復不可能な状態であり，死期が切迫していること。これについては，成すべき治療と検査を十分に成した上で，一人ではなく複数の医師が診断を下すべきとした。そして二つ目は，患者が自分の容態を正確に理解している，かつ正常な判断能力を保持していることである。しかし，終末期医療の場面では，患者の意思を直接確認できないケースも多く存在するため，そのような場合には事前に患者の意思を記録するリビング・ウィルや，家族など患者を良く知る者の推測をもって患者の意思を探求することが望ましいとした。ただし，患者の本心が不明である場合は，原則として生命の保護を優先すべきとしている。その上で本件は，患者が回復不可能であり死期が切迫していると判断する検査が不十分であったほか，成すべき治療が十分に成されていなかったことが理由となり，気管内チューブの抜去と筋弛緩剤の投与を合わせて殺人罪が成立した。続く2007年2月の高裁判決においても，死期の切迫性は認められず，本件は治療義務の限界に達していないと結論づけた。また，東京高裁は患者の自己決定権についても言及しており，本件では患者の意思を推測する資料が不明であるとし，家族の意思表示も証拠がないことから認め難いとしている。さらに高裁は，今後も続くであろう尊厳死の問題の解決に向けて，尊厳死法の制定やガイドライン策定の必要性を指摘している。

　以上が川崎協同病院事件の顛末である。先の項でも述べたが，実際の医療現場において患者の権利が十分に尊重されているかを問う問題はさておき，現代の治療は患者の意思に重きを置いている。そして理論上，患者は治療を受ける

権利と同様に，身体的な不利益を被るであろう治療拒否や治療中止の権利をも
つとされる。だが，以上で紹介した事例からもわかるとおり，いつ何時でも患
者の意思が優先されるとは限らず，その権利が無制限に付与される訳ではない。

　川崎協同病院事件は，終末期の生命維持治療という特殊な場面における患者
の自己決定権や，医療者側の治療義務を問うた事例である。これに類する判例
は東海大学病院事件や射水病院事件など，本件の他にも複数存在する。そして，
そのいずれもが治療中止の許容要件を語る際に，中止を希望する患者の意思と，
回復の見込みがなく死期が切迫した身体的状況の両方について言及している。
つまり，いかに患者が治療の中止を希望しようとも，回復の可能性が存在する
限り，あるいは死期が切迫した状態でない限り治療の中止は許容しがたいとし
ている。なお，川崎協同病院事件の判決から15年が経過した現在においても，
尊厳死にかかわる法律は未だ制定されておらず，法的拘束力をもったガイドラ
インすらも未だ策定されていない。このような事実からも，当該問題がいかに
センシティブなものであるかがうかがえる。

4　インフォームド・コンセントの課題

（1）苦痛と治療中止の権利：ダックスケースから

　さて，ここまで患者の権利とその制限について述べてきた。無論，これに類
する議論は先の節で紹介したもののみならず，他にも多く存在する。ただし，
終末期患者の治療中止の是非を問う領域に限っては，国内においてもここ15年
ほど継続して議論が成されているため，その点は評価するべきであろう。その
一方で，未だに議論がほとんど成されていない領域も当然存在する。そこで本
節では，今後議論が必要になるであろう領域，言わばインフォームド・コンセ
ントの課題ともいえるものについて二つほど紹介しよう。

　まずはダックスケースに類する問題である。このケースは1973年のアメリカ
で生じたものであり，不慮の事故に見舞われ全身に大熱傷を負ったダックス・
コワート（Dax Cowart）氏の治療にまつわるものである。その治療の過程にお
いて，彼は感染症予防のため毎日全身を漂白溶液に浸し続ける必要があった。

しかし，その治療には激痛が伴い，麻酔薬すらほぼ意味を成さなかったとされる。このような状況から，ダックス氏はかなり早期の段階で治療を中止し，自宅に帰ることを希望した。だが，この時点で漂白溶液に浸ることを止めれば，深刻な感染症にかかり命を落とすことは誰の目にも明らかであったため，最後まで彼の希望が汲み取られることはなかった。

　非常に粗略な紹介ではあるが，以上がダックスケースの経緯である。本件は先の川崎協同病院事件とは違って裁判には発展しなかったが，果たして治療の続行は好ましい判断であったといえるであろうか。結果からすれば，身体的な利益を優先したことで，ダックス氏は生き永らえることができたし，治療の数年後には彼自身も社会復帰へと至った結果に満足している。だが，それはあくまで彼が上記のような回復と成功を収めたことによる，言わば結果論である。言わずもがな，治療当時においてそのような未来は誰にも見通せなかったであろうし，その際に苦痛の当事者である彼の意思が座視された事実は否めない。

　本件における争点は，治療が尋常ではない激痛や苦痛を伴う場合に，たとえ命を落とすことになろうとも患者は治療を中止する権利をもちうるであろうか，という点である。しかしながら，こと日本においていえば，この問題に対する答えは未だ出ていない。それどころか，これまでほとんど議論が成されておらず，極々最近になってようやく踏み込み始めたという状況である。なお，比較的記憶に新しい動きであれば，2019年に日本透析学会が発表した公立福生病院透析中止事件についてのステートメントが挙げられるであろう。しかし，このステートメント内では患者が治療中止の権利をもちうるかまでは明確に触れておらず，また治療中止が考慮される臨床的事情についても具体的には述べられていない。つまり本ケースに類する患者の治療中止権については，未だ議論の真っ只中であると見てよいであろう。

（2）加害者がいる場合：京都第一赤十字病院の事例から

　さらにもう一つ，京都第一赤十字病院の事例についても紹介しよう。この事例はバイクで信号待ちをしていた際にトラックに後から追突され，救急搬送された男性の治療にかかわるものである。男性は下腹部から両下肢の裂創および

表7-2 輸血拒否に関するガイドライン例

患者の年齢	対応
15歳未満	本人や親権者の意思にかかわらず輸血する
15歳以上18歳未満	本人や親権者の両方が拒否した場合以外は輸血する
それ以上	輸血を伴う医療行為を拒否することも人格権の一部 無輸血処置をする場合は本人署名の免責証明書が必要 無輸血処置が困難な場合は行わず，転院を勧める

出所）筆者作成。

骨盤の骨折によって出血性ショックに陥っており，救命のために輸血が必要とされた。だが，患者自身の信仰・信条の理由から，輸血の同意が取れない状況になってしまう。同じ理由から彼の母親も輸血に否定的であったが，父親は同様の信仰・信条をもたぬことから輸血に肯定的であった。またそのような問題に加えて，本件は交通事故であるがゆえに，加害者が存在する。これらの要素が複合したことにより，治療の判断は困難を極めることとなる。そして，いよいよ男性の命が危機に瀕したところで，病院によって輸血の判断が下され，男性は一命を取り留めることとなる。なお，輸血拒否にかかわる議論はこの事例以前にも多くなされており，ある程度のガイドラインも作成されている。その内容については表7-2においてまとめているので，そちらを参考にしてほしい。

　ただ，本件において重要とされる論点は，輸血拒否そのものの是非を問うことよりもむしろ，加害者が存在するところにある。治療が通常どおり成されるならば，加害者の罪は過失傷害に留まるはずである。しかし，もし仮に，患者が輸血を拒否した末に死亡していたならば，加害者は過失致死の罪に問われることとなる。この場合，患者の治療に際して，加害者の権利はどのように位置づけるべきであろうか。これは非常に難しい問題である。幸い，本件は裁判までは至らず，患者および患者の家族と病院の関係は良好なまま収束することとなる。だが，類似した事故は今後も十分に起こり得るであろうし，場合によっては裁判にだって発展し得る。そのため，この分野においてもさらなる議論が要されるであろう。

　以上が，インフォームド・コンセントの課題ともいうべき話題についての紹

介である。本章の先頭でも述べたが，インフォームド・コンセントの課題や議論はこれ以外にも多く存在し多岐にわたるため，本節で紹介した話題はそのほんの一部に過ぎない。今後，さらに議論が深められる分野もあれば，全く新しい議論とて登場し得るであろう。読者にとって，本章の内容が患者の権利という分野に関心をもつ一助となれば幸いである。

学 習 課 題

1. 自分または家族が何らかの治療を受ける際に，インフォームド・コンセントが適切に成されているか確認してみよう
2. 患者の権利に関する議論は，テレビや新聞などのメディアでもしばしば取り上げられる。見かけた際には，どこに論点があるか考えてみよう。

引用・参考文献

杉田勇・平山正実（1994）『インフォームド・コンセント——共感から合意へ』北樹出版.

田中美穂・児玉聡（2016）「川崎協同病院事件判決・決定に関する評釈の論点整理」『生命倫理』26(1)：107-114.

濱島高志・池田栄人・上島康生・城野晃一・斎藤朗子・栗岡英明・依田建吾（2001）「交通事故の被害者で大量出血したエホバの証人の信者に対して輸血を施行した1例」『日本救急医学会雑誌』12(2)：59-62.

トム・L・ビーチャム／ジェイムズ・F・チルドレス，永安幸正・立木教夫監訳（1997）『生命医療倫理』成文堂.

ルース・R・フェイドン／トム・L・ビーチャム，酒井忠昭・秦洋一訳（1994）『インフォームド・コンセント——患者の選択』みすず書房.

（荻野勝洸）

第8章

部落差別と人権

　本章では，部落差別とはいったい何なのか。部落差別が作られてきた歴史的経緯を正しく学び理解することが，部落差別意識の解消につながるとともに，私たち一人ひとりが，自分たちの身の周りにある差別や不合理に目覚め，すべての人の基本的人権を護ることにつながることを学ぶ。また，1965（昭和40）年に同和対策審議会答申が出されて以降，政府は部落差別の解消に向けた取り組みを本格的に始めるが，55年以上たった今でも差別が残っている現状を認識し，差別を解消するための方策について学びを深めていく。

1　部落差別とは

　被差別部落や未解放部落，特殊部落，賤民部落などと呼ばれてきた部落は，北海道を除いてほぼ日本各地に散在している。瀬戸内海沿岸や北九州などの地域には比較的多く，東北や北陸，南西九州などでは比較的少ない状況となっているが，この部落といわれる地域で生活している住民たちに対しておこなわれてきた差別的な取り扱いを部落差別と呼んでいる。

（1）人権教育・啓発白書
　法務省の『令和3年版　人権教育・啓発白書』（2021年6月）では，この部落差別のことを同和問題と位置づけ，「部落差別（同和問題）は，日本社会の歴史的過程で形作られた身分差別により，日本国民の一部の人びとが，長い間，経済的，社会的，文化的に低い状態に置かれていることを強いられ，同和地区と呼ばれる地域の出身者であることなどを理由に結婚を反対されたり，就職な

どの日常生活の上で差別を受けたりするなどしている，我が国固有の人権問題である」と規定している。

さらに「この問題の解決を図るため，国は地方公共団体と共に，昭和44年から33年間，特別措置法に基づき，地域改善対策を行ってきた。その結果，同和地区の劣悪な環境に対する物的な基盤整備は着実に成果を上げ，一般地区との格差は大きく改善された。しかしながら，インターネット上の差別書き込み等の事案は依然として存在している。また，いわゆる『えせ同和行為』の事案も依然として起こっており，部落差別（同和問題）の解消を拒む要因になっている。法務省では，部落差別解消推進法第6条の規定を受け，①法務省の人権擁護機関が把握する差別事例の調査，②地方公共団体等が把握する差別事例の調査，③インターネット上の部落差別の実態に係る調査，④一般国民に対する意識調査の4項目について調査を実施し，「部落差別の実態に係る調査結果報告書」を令和2年に法務省ホームページで公表した（http://www.moj.go.jp/JINKEN/jinken04_00127.html）。部落差別（同和問題）については，部落差別解消推進法及び附帯決議のほか，上記調査結果を踏まえ，的確に対応していく必要がある」と報告している。

（2）部落差別解消推進法

「部落差別の解消の推進に関する法律」の第1条では，本法の目的を，以下のように規定している。

> この法律は，現在もなお部落差別が存在するとともに，情報化の進展に伴って部落差別に関する状況の変化が生じていることを踏まえ，すべての国民に基本的人権の享有を保障する日本国憲法の理念にのっとり，部落差別は許されないものであるとの認識の下にこれを解消することが重要な課題であることに鑑み，部落差別の解消に関し，基本理念を定め，並びに国及び地方公共団体の責務を明らかにするとともに，相談体制の充実等について定めることにより，部落差別の推進を解消し，もって部落差別のない社会を実現することを目的とする。

（3）部落差別の実態（昭和40年頃）

　このように部落差別とは，憲法で保障されている基本的人権が侵害されていること，今なお，社会的な不利益を大きく受けている人たちが数多くいるというわが国日本における重大な社会問題であるということができる。

　では，部落差別とはどのような差別のことをいうのであろうか。「人権教育・啓発白書」に記載されている差別としては，長い間，経済的，社会的，文化的に低い状態に置かれていること，結婚を反対されたり，就職などの日常生活の上で差別を受けたりしていることが明記されている。

　差別の状況を具体的に理解するために，同和対策審議会（同対審）答申が出された昭和40年頃の部落の生活環境の一端を振り返ってみると，大阪大学医学部の調査報告では，O府H市にあるN部落の「平均死亡年齢」は他の地域と比べて大幅に低く，これが生じた原因の一つとして，乳幼児死亡率の高さを指摘している。乳児死亡率の高さは生活水準の低さから生じていることを考えると，命について差別的な取り扱いを受けているといえるのではないだろうか。

　また，具体的な生活環境としては，H県K市のB部落は居住環境が劣悪で，壊れかけた粗末な，しかも小さい住宅が狭い道路を挟んでびっしりと立ち並び，道路以外には空地はまったくない。路地は袋小路でそこに10所帯も20所帯もが一緒に使用する一穴の共同便所と共同水栓があるだけで，排水の設備もひどく，溝には壊れたドブ板の下に汚水がよどんでいて悪臭を放っている。居住状況は1人当たり1畳以下という住宅が2割近くあり，採光の悪い狭い家に多数の家族が住み，過密就寝の雑魚寝で生活しているため，他の地域と比べて平均死亡年齢が低いことが報告されている。これも健康面での差別が生じているということができるのではないだろうか。

　次に，部落の人たちの産業と仕事をみると，零細な農業，失業及び半失業的な雑業，単純労働，部落産業の4つに従事している。農業は土地を所有し耕作していても平均2反6畝（約26アール）という状況で，失業及び半失業的な雑業は，靴・下駄・こうもり傘の修繕，掃除人夫，肥え汲み，雑役夫，くず拾い，ぼろ買い，靴磨き，古物商，獣肉・履物・売薬・竹細工などの行商である。単純労働は，農業労働者，土木建築労働者，土工，土砂採集者，仲仕，運搬夫，

採炭労働者及び失対就労者，清掃事業などの現業労働者で，部落産業は，皮革・製靴・竹細工・わら細工・下駄・各種草履の生産，及び屠殺，獣肉販売などの仕事に従事している。このようにほとんどの人たちは臨時工や社外工などとして働き，人の嫌がる仕事に就きながら，身分保障がないために長時間労働を余儀なくされるという，人間として生存し，生活し，労働し，幸福を追求するという権利が侵害されてきたということができる。

　教育権の問題も同様で，高校進学率は全国平均の半分くらいしかなく，都市部では試験の難しい公立高校には入れず，私立高校への進学が集中していた。このような教育の機会均等の不平等は，就職の機会を狭めることにつながっており，また，就職時における差別的な取り扱いがおこなわれていた。

　このように侵すことのできない基本的人権の侵害が，部落に関係するというだけでおこなわれてきたのである。部落差別によって引き起こされているさまざまな社会問題を「部落問題」というが，部落問題の本質は，基本的人権の侵害と人間らしい生活を保障する生活保障の問題であるということができる。

（4）同和問題の早期解決に向けた今後の基本的な在り方について（意見具申）

　「地域改善対策特定事業に係る国の財政上の特別措置に関する法律」が1997（平成9）年3月末で終了することの根拠になった，地域改善対策協議会の1996（平成8）年の「同和問題の早期解決に向けた今後の方策の基本的な在り方について（意見具申）」によると，1965（昭和40）年の同対審答申は，同和問題の解決は国の責務であると同時に国民的課題であるとの基本認識を明確にし，国や地方公共団体の積極的な対応を促したことなど，同和問題の解決を図る上でこの答申が果たした歴史的意義は極めて大きいとしている。

　この同対審答申を踏まえ，1969（昭和44）年に10年間の限時法として同和対策事業特別措置法（同対法）が制定され，特別対策が総合的に推進されたことにより，物的な基礎整備が急速に進展するなど大きな成果をあげたが，心理的差別の解消の面では大きな課題が残ったことを指摘している。また，事業の進展に伴い，一部に周辺地域との均衡や一体性を欠いた事業の実施がみられたり，えせ同和行為などの新たな問題も発生してきたとしている。

　続いて地域改善対策特別措置法（地対法）が1982（昭和57）年に 5 年間の限時法として制定され，さらに1987（昭和62）年に地域改善対策特定事業に係る国の財政上の特別措置に関する法律（地対財特法）が 5 年間の限時法として制定され，1992（平成 4 ）年に 5 年間延長し特別対策を必要に応じて見直しながら引き続き実施してくことになった。

　また，1993（平成 5 ）年度に実施した同和地区実態把握等調査（実態調査）によると，現状として，若い世代が就職や結婚のために同和地区外へ転出する傾向がみられ，全国平均に対して高齢化の比率が若干高くなっている。同和関係者が同和関係者以外の者と結婚するケースは増加の傾向を示している。住宅，道路等の物的な生活環境については改善が進み，全体的には，同和地区と周辺地域との格差はみられない。下水道普及率は，全国的に比べて大幅に低くなっているが，都市規模別にみると，大きな差はみられないとしている。

　高等学校進学率はここ数年 9 割を超えてきているが，全国平均に比べるとなお数ポイントの差がみられること。最終学歴については，高等教育修了者（短大・大学等）の比率が20歳代，30歳代では40歳以上に比べてかなり高くなっているが，全国平均との差はなお大きいとしている。

　就労状況は，若年層を中心に，安定化する傾向にあるが，全国平均と比較すると，不安定な就労形態の比率が高くなっている。就労先は全体的に小規模な企業の比率が高くなっており，年収の面では，全国平均に比べて全体的に低位に分布し世帯の家計の状況も全般的にみると依然として全国平均よりも低位な状況にある。農業経営世帯は，小規模農家が多く，農業従事者が高齢化してきている。事業経営世帯では小規模な個人経営が多いとしている。

　同和地区の人であるということで約 3 割の同和関係者が人権を侵害されたとしており，国民の差別意識は，着実に解消へ向けて進んでいるものの，同和関係者との結婚を中心に依然として残っているとしている。

　さらに，これまでの成果と主な課題として，これらの結果からみて，これまでの対策は生活環境の改善をはじめとする物的な基盤整備がおおむね完了するなど着実に成果をあげ，さまざまな面で存在していた較差は大きく改善されたこと。

しかし，高等学校や大学への進学率にみられるような教育の問題，これと密接に関連する不安定就労の問題，産業面の問題など，較差がなお存在している分野がみられる。差別意識は着実に解消へ向けて進んでいるものの結婚問題を中心に依然として根深く存在している。また，人権侵害が生じている状況もみられ，その際の人権擁護機関の対応はなお十分なものとはいえない。さらに，適正化対策もなお不十分な状況であるとことを指摘している。

2　部落差別の歴史

　現在の部落差別につながる被差別身分に対する差別が，いつ頃どのようにして作られてきたのかという問題や，部落が発生したのは近世初頭ではなく中世に部落が発生したという見解をもつ人も多く出てきているが，具体的にそれを証明した人もいないし，学界でも承認された定説は存在していないのが現状である。という前提に立って，どのようにして部落差別が生じるようになったのかについて学んでいく。

（1）差別の始まり

　日本列島に人が住み始めたのは数万年前からで，2千年くらい前までは無差別・平等の社会であった。農業と進んだ生産技術が日本に伝わり，士族の頭が生産物を分配し共同の財産を管理する権限をもち始めた頃から，強い氏族が弱い氏族を支配し搾取することになった。この結果，氏族員を指図する族長と氏族員と奴隷に身分が分かれ，族長は共有地の一番良いところを奴隷に耕作させることで私有財産をもち，氏族員の上に立って支配するようになった。

　大和国家では，天皇家を頭に，物部，大伴，曽我，中臣などの族長たちが政府の仕事を分け持ち氏族員と部民及び奴婢を支配した。

　701（大宝元）年の大宝律令によると，音楽をする楽戸や鼓吹戸，鷹や犬を飼ったりならしたりする鷹戸，革細工や皮を染める狛戸などの品部，鎧や弓矢などの武器をつくる雑工戸などの雑戸がおかれ，これらの人びとは，なかば賤民として卑しまれていた。一方で，貴族や大寺院，大神社は，いろいろな名目

で土地をもっており，奴婢や家人に耕作させ，新しい土地を開墾したことから，貴族と寺社の私有地「荘園」ができていった。

　794（延暦13）年に都は京都に移され，10世紀の初めには公私の奴婢制度そのものが廃止され，奴婢・品部・雑戸の制度がなくなったが，それに代わる職業が保障されなかったことから，以前からの手慣れた職業を続け，鷹戸のなかの餌取りは，貴族の犬や鷹，一般民家の鶏のために餌をとり，それを売って生計を立てた。鷹や犬の餌にするためには，死んだ牛馬や鳥の肉をとらねばならなかったため，この「えとり」が「えと」「えた」となまって，近世にこれが賤民を代表する言葉になったと考えられている。中世の賤民は，古代の奴婢や品部・雑戸の民が，そのまま賤民になったのではなく，古代の賤民も巧みに機会をつかんで名実ともに独立し，役人になったものも，地主になったものも沢山いた。

　10世紀から11世紀にかけて，荘園は一層発展した。荘園のなかの名主の有力なものが武士になり，12世紀の末には，源頼朝が鎌倉幕府をうちたてた。14世紀の中期に鎌倉幕府は滅び，足利氏の室町幕府になると，働く人たちが，奴隷やそれに近い地位から逃れて，農奴や独立の手工業者や商人になっていった。また，賤民も性格を変えていった。散所は領主に地代を納めない荘園のなかの一定の地域をいい，領主に対して人身的に隷属し，労役に従う人びとがそこに集められた。これは賤民が一定の地域に定着して「部落」を形成した最初の形態である。散所の民は，散所の支配者のための掃除・池堀などの雑役から，警護・運送・行列のお供，神事の奉仕に使われ，雑芸に携わる者もいた。

　荘園制がしだいに崩れ，それにつれて散所の民やその他の隷属民も独立性を増してくると，今度は河原者が卑しめられた人びとの代表的な呼び名になってくる。この河原者は散所以上に不浄の者として卑しめられていた。散所が一応領主をもち，地代の免除の特権をもっているのに比べ，河原者は領主をもたず，所有者がなく税のかからない河原に住み，芸能や庭つくりや皮つくり，染物などの技術によって生活を切り開いていた。河原者は散所の民などとともに，広く芸能に携わっていた。日本独特の古典的な日本の芸能である能や日本舞踊などは，河原者やその仲間の賤民が作り出し発展させたものである。

（2）部落の成立

　応仁の乱の後，地方に広がった戦乱は16世紀にはいると全国に及び戦国の世となり，身分や家柄よりも実力がものをいう時代となった。戦国大名は自分の領国の拡大に応じて，農民の反抗を抑えて土地に縛りつけ，商工業者を育成しながら統制する政策をとった。

　駿河の今川氏は，河原に領内の皮田（皮革）職人を集めて部落をつくらせ，皮作りのほかの職業に移るのを禁じた。これによって移動の自由も，職業を変える自由も奪われ，皮田は末代まで皮田として特定の部落に縛りつけられることになり，身分と職業と住居の3つを固定した部落が16世紀の初頭から徐々に作られていった。最初につくられた部落は3～4軒から10数軒ぐらいであったが，浪人，落ちぶれた地主，多くの不幸な農民が流れこんできたため，藩主の指図で河原や谷間や山の中腹など，普通の人の住まない土地へ分村させ，幕藩体制の確立のなかで，法制的に決められた部落として固定されていった。

　徳川家康は，1603（慶長8）年に江戸に幕府を開き，大名が土地と人民を支配する幕藩体制を成立させた。この封建制度を支える近世の身分制度としては，1942（昭和17）年に刊行された『国民同和の道』に基づき，士農工商「えた・非人」としてしてきたが，今日では，士・町人・百姓という平民身分と「えた・非人」を代表する賤民身分から成り立っていると考えられている。いずれにしてもこの身分制度を支えるために賤民身分である「えた・非人」を設けたのである。

　えたの仕事は，死牛馬の取り扱い，皮なめし，革細工，竹細工，草履などの履物づくりなどであった。また「えた村」のあるものは，「役人村」とされ，囚人の護送，牢番，死刑囚の首切り，刑死人の死体の取り片づけ，さらに犯罪人を逮捕する下役の捕吏などの仕事につかせた。江戸の浅草の弾左衛門は，関八州と甲斐・駿河・伊豆及び陸奥の12か国のえた・非人を支配していた。

　非人は，親の代からの非人もあるが，浮浪人，男女心中の失敗した者や，罪を犯した者が非人となった。非人は，非人になって10年以内，もしくは特別の理由のある者は，近親者の願いによって平民に戻ることができた。非人は非人小屋に入れられ，刑吏などにさせられるほかに，定まった仕事はなかったが遊

芸に携わる者もあり，大部分は物乞いをして生計を立てた。

18世紀に入ると，武士階級全体の生活が苦しくなったため，身分制度の立て直しを図るとともに，百姓の反抗をそらすために，特にえた・非人に対して，服装や髪形，履物まで規制し，宗門改人別帳などに今まで農民と一緒に書かれていた，えた・非人の名前が別々に記載されることになった。

商工業の発達にともなって，部落のなかにも豊かな人たちが現れてきた。江戸の弾左衛門がえた頭として幕府から特に優遇され，その暮らしは三千石の武士にも負けない豊かさであった。また，部落内の商業，特に皮革産業問屋は豊かで，たくさんの富をもった者がいた。

（3）明治維新と解放令

明治維新によって，わが国は封建社会から近代資本主義社会へ移った。「富国強兵」と「殖産興業」政策を推し進めるためには，これまでの身分制度を取り除かなければならなかったことから，1869（明治2）年にそれまでの身分制度をやめ，皇族のほか，大名と公卿を華族，武士を士族，農・工・商を平民とし，翌1870年には姓も，人民全体が名のることができ四民平等になった。さらに1871（明治4）年8月に「えた解放令」を発布し「こんごはエタ・非人の称号を廃止する，職業は自由である」とした。

しかし，天皇制という新しい身分制度ができたことにより，部落差別を残していく大きな根拠を与えた。四民平等と宣言しながら，皇族・華族・士族・平民という身分秩序を整えたことは，人間の平等を否定する差別を認める思想となる。賤民解放令によって，制度の上では解放されて，平民になったはずの部落の人びとは，今度は「新平民」として位置づけられ差別されることになった。

1873（明治5）年には，全国統一の壬申戸籍がつくられた。もとの身分が記載され，宗教や職業を載せていたため見ただけで部落かどうかわかる仕組みになっていた。この壬申戸籍は昭和30年代まで使われており，部落の人たちの結婚や就職に際しての身元調べに悪用された。四民平等，賤民解放令によって部落の人たちにも職業の自由が認められたが，弾左衛門を通して全国の部落に許されていた皮革製造の特権も奪われ，代わりに政府の保護を受けた資本家が皮

革製造に乗り出したため，部落の人びとは収入の道もなくなり，ほとんど失業状態となった。

（4）部落解放への取り組み

1903（明治36）年に大日本融和会がつくられ，大阪で創立大会が開かれた。部落民の団結と解放への熱意を示し，一般社会に向かって差別をなくすることを強く訴えたが，差別の原因を部落民自身の悪い言葉づかいや服装，生活態度に求めたことから，一般の理解と同情のもとに融和を図ることに終わってしまった。

1912（大正元）年に「全国細民部落改善協議会」が開かれたが，上からつくられた部落改善団体を全国的にまとめ，部落指導者に横のつながりを与えるものであった。

1919（大正8）年に公道会が東京で「同情融和大会」を開き，部落の人たちの不満をそらすために，差別の撤廃を全国に呼びかけた。

1922（大正11）年3月3日，西光万吉ら青年の手によって水平社の創立大会が開かれた。部落と部落の人びとに対して，少しでもさげすんだり，賤しめるようなおこないがあれば，相手が誰であろうと激しくその非を責め反省を求めた。

水平社は第2回大会決議で，「軍隊内の差別的な取り扱いをやめろ」という抗議を陸・海軍大臣に差し出した。1933（昭和8）年，高松地方裁判所が「部落民が自分の身分を相手に知らせずに結婚したことは犯罪である」という差別的な判決を出したため，全国水平社本部は，この裁判所の差別事件と戦うことは，日本のファシズムに対する戦いだとして差別裁判取り消しの全国的な請願闘争をおこなった結果，政府は誤りを認め，全国の裁判所と検事局に差別扱いしないようにとの通知を発出させた。

水平社の運動が激しくなるにつれ，政府は部落改善事業費を毎年国の予算として組むようになった。一方，それぞれの融和団体は政府から金をもらって改善事業をおこなっていたが，1927（昭和2）年に中央融和事業協会にまとめられた。

　太平洋戦争がはじまると，政府はすべての住民運動の団体をつぶしたため，全国水平社も全く動けなくなった。また，わずかばかり残されていた部落産業も戦争中の経済統制と働き手の大半を召集や徴用で取られたため衰退してしまった。

（5）戦後の部落解放運動

　1946（昭和21）年11月に公布された日本国憲法で，「すべての国民は法の下に平等であって，人種・信条・性別・社会的身分または門地により，政治的・経済的または社会的関係において差別されない」ことが明らかとなった。

　1946（昭和21）年2月，京都市で全国部落代表者会議及び部落解放人民大会が開かれ，戦後の解放運動を進めるために部落解放全国委員会を結成した。これまで水平社と対立していた融和団体の人たちとも手をつなぎ，日本人民全体の民主主義の革命の戦いと手を結んで運動を進めていくことを決めた。

　1947（昭和22）年，解放員会は，戦時中に政府がおこなった経済統制や，職人の召集・徴用によってほとんど壊された皮革業などの部落の産業を復興するために，部落産業経済復興運動をおこし，政府や地方当局に強く働きかけた。

　1951（昭和26）年の岡山で開かれた解放委員会の第7回大会で，差別をなくすためにはまず生活を守ることが大切であるとして，土地と仕事を与えよということを政府や地方行政当局に求めることにした。そして，差別は国民の団結を破り，低賃金と低生活の重りになっていることを明らかにし，労働者，農民をはじめとする一般住民と手をつないで解放の戦いを進めなければならないことを決めた。

　1955（昭和30）年，部落解放全国委員会は部落解放同盟と名称を改めた。

　1960（昭和35）年頃を境として，独占資本は目覚ましい成長を遂げた。独占資本が若い労働者を競って雇いだすと，労働力不足を補うため，「合理化」という名のもとに零細な農漁業や中小企業の整理が進められたことから，農漁民の出稼ぎが増加するとともに，中小企業の倒産が相次いだ。日本社会の底辺に置き去りにされた部落のなかにも際立った変化が見られた。一つには部落産業と呼ばれる皮革，くつ，グラブ・ミット，食肉などの仕事がだんだんと大企業

の手に移り部落のなかの仕事が少なくなった。一般企業で若い労働力が不足してきたことから，部落の若者たちも以前と比べると，はるかにたくさん部落外に働きに出るようになったが，大企業では相変わらず差別して雇わなかった。そのため若者たちの多くは不安定で賃金の安い中小零細企業に，大人たちは失対（失業対策事業）や土方などの力仕事に従事するなど働くところが限られていた。

　部落解放同盟は1961（昭和36）年以来，部落解放要求貫徹全国闘争を組織をあげて取り組み，それまでの環境を中心とする要求から，土地と仕事を中心に住宅，教育などさまざまな要求を取り上げて闘った。政府は同年「同和対策審議会」を設け，1965（昭和40）年に部落問題に関する「社会的及び政治的諸問題を解決するための基本方針」について（答申）（「同対審答申」）を出し，同和問題の解決は国の責務であると同時に国民的課題であると指摘した。

3　現代的課題

（1）部落差別の実態に係る調査結果について

　2020（令和2）年6月に公表した法務省人権擁護局の『部落差別の実態に係る調査結果報告書』では，部落差別等に関する人権相談の総件数は平成27年404件，平成28年424件，平成29年402件であり，年間400件越で推移していると記載されている。

　2017（平成29）年の402件の人権相談の類型別内容としては，「結婚・交際に関する差別」は53件（13.2％），「雇用差別」は9件（2.2％），「正当な理由のない身元（戸籍）調査」は0件（0.0％），「差別落書き等の表現行為（賤称の使用，不特定者に対する誹謗中傷を含む。）」は65件（16.2％），「特定個人に対する誹謗中傷」は69件（17.2％），「識別表示の摘示（差別助長誘発目的で，特定の地域が同和地区である，又はあったと指摘する情報をインターネット上に流通させる場合をいう。）」は9件（2.2％）で，これらの6類型に属しないものは197件（49.0％），そのうち「えせ同和行為」が23件（5.7％），「〇〇地区は同和地区か」といった「特定地域に関する質問」が5件（1.2％）となって

いる。

　このように差別落書き等の表現行為及び特定個人に対する誹謗中傷が合わせて134件（33.4％）と最も多く，結婚・交際に関する差別が53件（13.2％）と多くを占めている。

　次にインターネット上の部落差別実態に係る調査結果として，2018（平成30）年6月1日から2019（令和元）年5月31日までの1年間に部落差別関連ウェブページを閲覧していたことが確認されたアンケートモニターに，部落差別又は同和問題に関するウェブサイトを閲覧したきっかけを尋ねたところ，「部落差別の歴史や用語等の一般的な事柄について調べようと思った」と回答した人は213人（60.7％）であったが，「自分の身内の引っ越し先の地域について調べてみようと思った」が34人（9.7％），「自分や身内の交際相手や結婚相手の出身地について調べてみようと思った」が23人（6.6％），「求人に対する応募者の出身地について調べてみようと思った」が9人（2.6％）であった。

　さらに2019年8月から9月にかけて実施した一般国民に対する意識調査（全国の満18歳以上の日本国籍を有する者を対象）では，「近隣住民」「交際相手・結婚相手」「求人の応募者・職場の同僚」について，「旧同和地区」出身であるか否かを気にするかについて調査したところ，「気になる」と回答した者は，「近隣住民」については4.5％，「交際相手・結婚相手」については15.8％，「求人の応募者・職場の同僚」については4.7％であった。

　これらの結果から「交際・結婚相手」については，他と比べて多くの偏見・差別意識が残っていることが判明している。

（2）人権に関する都民の意識調査

　2021（令和3）年2月に公表した東京都総務局人権部の『人権に関する都民の意識調査報告書』では，「人権に関わる問題のうち，あなたが関心のあるものすべてを選んでください」の回答として，「女性の人権」が55.0％，「子どもの人権」が54.4％，「インターネットによる人権侵害の問題」が50.3％という順であるが，「同和地区（被差別部落）出身者の人権」も17.4％と2割弱の人が関心があると回答している。

また，同和問題に関しての項目で，「仮にあなたが同和地区の人と結婚しようとしたとき，親や親戚から強い反対を受けたら，あなたはどうしますか。」の質問に対して，「自分の意思を貫いて結婚する」が19.2％，「親の説得に全力を傾けたのちに，自分の意思を貫いて結婚する」が27.5％で，結婚するの計は46.7％となっている。一方，「家族や親戚の反対があれば，結婚しない」が8.9％，「絶対に結婚しない」が5.8％で，結婚しないの計は14.7％，「わからない」が38.5％と，結婚に関しては，同和地区出身であるかどうかが大きな影響を及ぼしていることがわかる結果となっている。

（3）人権問題に関する府民意識調査

　2021（令和3）年3月に公表した大阪府府民部人権局の「人権問題に関する府民意識調査報告書」では，「あなたは，次の人権問題を知っていますか（複数回答）」の回答として，「知っている」と回答した人は，「子どもの人権問題」が94.3％，「高齢者の人権問題」が92.0％，「女性の人権問題」及び「セクシュアルハラスメント，パワーハラスメント」が90.9％の順となっているが，「部落差別（同和問題）」についても86.6％と高い割合を占めている。

　また，「あなたが家を買ったり借りたりする際に重視する（した）立地条件は何ですか。（複数回答）」の回答として，「都心部，最寄り駅や幹線道路へのアクセス」が74.9％と最も高かったが，「地域のイメージ」が47.0％，「近隣に同和地区があるといわれてないか」が11.4％，「近隣に低所得者が多いといわれていないか」が5.3％あった。

　さらに「あなたが，結婚相手など，パートナーを決めるとしたら，その人について重視することはどんなことだと思いますか（複数回答）」の質問に対して，「人柄や性格」が95.5％と最も多かったが，「同和地区の出身であると言われていないかどうか」が13.3％もあった。

　また，「あなたは現在，部落差別（同和問題）に関して次にみられるような人権侵害や問題などがあると思いますか」と8項目について質問したところ，「あると思う」「どちらかといえばあると思う」と回答した人の割合は，「インターネット上に誹謗中傷等が掲載されること」が57.5％と最も多く，「差別的

言動をされること」が54.5％，「インターネット上に同和地区と呼ばれる地域の所在地リストや動画・写真などが掲載されること」が53.9％，「身元調査されること」及び「同和問題を口実とする企業や官公庁等に対する不当な要求（えせ同和行為）が行われること」が51.5％と，5項目で50％を超えている。

　このように近隣に同和地区がないかどうか，結婚相手やパートナーが同和地区の出身でないかどうかに対してこだわっている人がいることや，同和地区に対するインターネットによる誹謗中傷等が人権侵害として存在していると考えている人が多いことが明確となった。

（4）現代的課題

　部落差別は，部落（同和地区）に生まれ育った人やそこで暮らす人たちが，基本的人権を侵害され，社会的不利益を受けている重大な社会問題である。

　「部落差別の解消の推進に関する法律」が2016（平成28）年に施行されたが，先述の法務省人権擁護局の『部落差別の実態に係る調査結果報告書』や東京都総務局人権部の『人権に関する都民の意識調査報告書』，大阪府の『人権問題に関する府民意識調査報告書』によると，未だに結婚や交際に関する差別や，インターネット上の誹謗中傷等が掲載されることや身元調査されること，居住地の選定などで部落差別があることが明確となっている。

　これらの差別を解消していくためには，私たち一人ひとりが部落の歴史を正しく学ぶとともに，差別意識解消に向けた教育及び啓発を積極的におこなっていくことが求められている。国民の一人ひとりが，自分たちの身の回りにある差別や不合理に目覚め，自分自身の日常の仕事を通してその解決のために粘り強く努力していくことが，部落差別の解消につながっていくことになる。

学習課題

1．被差別部落が作られてきたのはなぜか，考えてみよう。
2．部落差別を解消するためにはどのような取り組みが必要か，自分の意見を考えたうえで，話し合ってみよう。

引用・参考文献

大阪府府民部人権局（2021）「人権問題に関する府民意識調査報告書」.

木村京太郎（1969）『部落問題入門』部落問題研究所.

髙井由起子（2020）『わたしたちの生活と人権』教育情報出版.

地域改善対策協議会（1996）「同和問題の早期解決に向けた今後の方策の基本的な在り方
　　について（意見具申）」.

寺本伸明・黒川みどり（2016）『入門　被差別部落の歴史』解放出版.

東京都総務局人権部（2021）「人権に関する都民の意識調査報告書」.

東上高志（1970）『やさしい部落問題』部落問題研究所出版部.

東上高志（2018）『部落問題解決過程の証言——研究所の70年を中心に』部落問題研究所.

東上高志（2020）『部落問題の実相——東上高志の仕事　1』部落問題研究所.

東上高志・馬原鉄男（1969）『やさしい部落の歴史（改訂版）』部落問題研究所.

法務省（2021）『令和3年版　人権教育・啓発白書』.

法務省人権擁護局（2020）「部落差別の実態に関する調査結果報告書」.

吉田徳夫（2009）『部落問題の歴史的展開』プレアデス出版.

脇田修（2001）『近世身分制と被差別部落』部落問題研究所.

（寅屋壽廣）

第9章

多文化共生社会と人権

　近年の日本は，多文化共生社会となりつつある。従前であれば，日本は単一民族と認識されがちであり，民族が違うこと，肌の色が違うこと，外見が異なること，さまざまな意味で周囲と比較的して特徴的なことがあると，それが際立ち，時として嫌がらせや差別的な攻撃を受けることも少なくなかった。

　それが今日，日本には外国にルーツをもつ人びとが増加している。多文化，多様性を認め，共同していくことに違和感を抱きやすい傾向にある日本において，残念な事案や事件，ニュース等を目にするのも現実である。改めて多文化社会が加速する実際とその社会的背景，差別の実態を正確に確認することが必要ではないか。この章では外国にルーツのある人の人権問題を取り上げることにより，深く考察していきたい。

1　多文化共生社会と日本

　近年において，日本には外国にルーツをもつ人びとが多く生活している。そういった方々が母国ではなく，日本に住むようになった経緯を概観してみたい。

　まずオールド・カマーといわれる人びととの経緯から説明していく。

　オールド・カマーの人びとが日本で生活する契機となった歴史的事実として，1900年初期の日本による東アジア諸国への植民地化がある。

　日本は1905年，1907年と，第2次日韓協約（乙巳保護条約），第3次日韓協約を結び，韓国を植民地とする動きを強めた。さらに1910年，韓国併合条約を強要し，韓国併合をおこなったのである。さらに韓国では土地の所有権の不明確といったことを理由として，広大な農地や山林を没収し，その一部を日本に払い下げることがおこなわれた。このことにより土地を追われた人びとが仕事

表9-1　オールド・カマーとニュー・カマーの違い

	オールドカマー	ニュー・カマー
来日時期	戦　前	戦　後
出身国	韓国，朝鮮，中国，台湾	左欄の国のほか，東南アジア，南米，南アジア，米国など
在留理由	・日本の植民地支配により，本国での生活が成り立たなくなった ・強制連行された	永住者，留学，技能実習，技術・人文知識・国際業務，定住者（日系人や帰国者），家族滞在，日本人の配偶者など

出所）小林（2020：113）。

を求めて日本に移住することとなった。

　また，満州をはじめ，日本は中国あるいは台湾においても韓国同様の植民地化を進め，これを契機に中国や台湾にルーツをもつ人びとが日本に多く移住したといわれる。これら以降，在日中国・台湾・韓国・朝鮮人といわれる人びとが増加した。具体的には，1920年には約3万人だったのが1930年に約30万人に増え，1945年には200万人近くまで増加した。1945年の日本の敗戦を機にそういった人びとの多くは祖国に帰ったが，その後の南北分断や祖国での生活基盤を築けないこと，日本ですでに生活の基盤を確保していることなどが理由で約60万人の人びとが日本での定住を余儀なくされた。現在の特別永住者はこれらの人びとやその2世，3世，4世の人たちとなっている。1991年に日韓覚書が公表され，戦後補償として入管特例法が制定された。ここでは旧植民地出身者及びその子孫は出身地や世代を問わず，すべて特別永住者とするとした。

　在日中国・台湾・韓国・朝鮮人のことを「オールド・カマー」と呼ぶのに対して，「ニュー・カマー」と呼ばれる人びともいる。小林（2020）は「オールド・カマー」と「ニュー・カマー」について，表9-1のように整理している。

　ニュー・カマーは歴史的背景をもつオールド・カマーに対して新規に入国して滞在する新渡日の外国人のことである。1975年代に入り経済がグローバル化したことによって日本での就職等を希望する外国人が増加した。それに伴い，日本側も受け入れ体制を強化した。受け入れ体制の強化の例としては，難民条約に加盟したことや出入国管理及び難民認定法の改正などが挙げられる。日本は1982年に難民条約に加盟し，約144万人いるインドシナ難民を受け入れ始め

た。インドシナ難民とは，1975年にインドシナ三国（ベトナム・ラオス・カンボジア）が社会主義体制に移行した際にさまざまな迫害を受け，外国に脱出した人びとのことである。その後は，1979年に姫路定住促進センターが（現在は廃止），そして1980年に大和定住促進センターが設立するなど難民事業を進めている。

　また，出入国管理及び難民認定法改正により日系外国人が活動に制限のない在留資格を取得しやすくなった。これによりブラジルやペルーなどを中心とする日系外国人労働者も急増した。

　山下（2016）によると，2007年には在日外国人は1990年のおよそ2倍にまで増加したが，2008年のリーマンショックや2011年の東日本大震災によって多くの在日外国人が帰国したという。しかしながら法務省出入国管理庁の統計データによるとその後は年々増加傾向にある，としている。

　日本の外国人労働者の急増には，少子高齢化，アジアとの経済格差などがその背景にある。さらに，技能実習制度が改正され，新たな資格が導入されるなどしている。その意味でも今後の在日外国人や外国人労働者の増加が見込まれている。

　小林（2020）は「在日外国人の人権保障の課題」として，次のように述べている。「外国人の人権の尊重と不可侵性を自覚し，それに沿った法の制度を構築し運営していくことが課題である。外国人の定住化とともに，医療や福祉，教育，労働，参政権，結婚など，さまざまな具体的な課題に取り組んでいく必要に迫られている」。

2　在日外国人が体験した差別経験の実際

　ここでは具体的に日本で生活する外国人がどのような差別の被害に遭っているのかを「平成28年度　法務省委託調査研究事業　外国人住民調査報告書―改訂版」を確認することで見ていきたい。

　調査の概要は次のとおりとなっている。

調査は，全国の市区町村の中から37市区の協力を得て，住民基本台帳を基に1市区当たり500人の外国人を無作為に抽出して郵送で調査票を送付し，記入済の調査票を郵送で回収する方法で実施した。なお，日本語が不自由な人に配慮し，調査対象者には日本語及び英語による調査票の他，前記の「調査票対訳」言語の中から該当すると思われる母語・母国語で記載した調査票も同封した。調査対象者18,500人中，調査票が回収できたのは4,252人で回収率は23.0%であった。回収率が最も高かったのは札幌市の33.0%，最も低かったのは東京都港区の15.4%であった。各市区の回収率をみると，30%を超えたのは札幌市のみで，回収率が20%台の市区は尼崎市等29市区，一方，回収率が20%を下回った市区は四日市市等7市区であった。

　調査結果ではいくつかの差別的経験について公表されている。まず，過去5年の間に，日本で住む家を探した経験について聞いている。その結果，過去5年間に日本で住む家を探した経験のある人2044人（回答者の48.1%）のうち，「外国人であることを理由に入居を断られた」経験のある人は39.3%，「日本人の保証人がいないことを理由に入居を断られた」経験のある者は41.2%，「『外国人お断り』と書かれた物件を見たので，あきらめた」経験のある人は26.8%であったという。次に，「外国人であることを理由に入居を断られた」とした人について，「日本語でどの程度会話ができるか」別でみると，「仕事，学業に差し支えない程度に会話できる」人で36.0%，「日常生活に困らない程度に会話できる」人で30.6%，「日本人と同程度に会話できる」人で24.0%，「日本語での会話はほとんどできない」人で7.9%であったと報告されている。この会話の程度別による傾向は，「日本人の保証人がいないことを理由に入居を断られた」及び「『外国人お断り』と書かれた物件を見たので，あきらめた」とする人についても，ほぼ同様の割合であったという。次に，国・地域別に「外国人であることを理由に入居を断られたことがある」とした人についてみると，上位3カ国は，タイ（53.1%），中国（51.0%），朝鮮（50.0%），下位3カ国は，イギリス（24.2%），ペルー（28.0%），韓国（29.8%）であったというこ

とである。また，「日本人の保証人がいないことを理由に入居を断られたことがある」とした人についてみると，上位3カ国は，中国（57.4%），ネパール（53.3%），台湾（52.7%），下位3カ国は，イギリス（24.2%），ペルー（29.2%），韓国（31.5%）であったという。次に，日本での在留期間別にみると，「外国人であることを理由に入居を断られたことがある」「日本人の保証人がいないことを理由に入居を断られたことがある」とした人のうち，「生まれてからずっと」「30〜39年」「40年以上」の在留期間が長い人においては30%以下であったことが明らかになったという。以上の結果から「日本で住む家を探した（過去5年間）際の差別経験については，中国と韓国で大きな違いがみられたこと及び在留期間が長いほど入居を断られた経験が少ないこと等に着目すると，日本での滞在期間や日本語の会話能力等が影響していると思われる」と結論づけている。

　次に就労に関することを聞いている。過去5年間に日本で仕事を探したり，働いたりしたことがある人は2788人で，回答者の65.6%を占めたということである。このうち，受けた差別として，「外国人であることを理由に就職を断られた」を挙げた人が25.0%，「同じ仕事をしているのに，賃金が日本人より低かった」が19.6%，「外国人であることを理由に，昇進できないという不利益を受けた」が17.1%，「勤務時間や休暇日数などの労働条件が日本人より悪かった」が12.8%となっていたという。次に，「外国人であることを理由に就職を断られた」と回答した人について，「日本語でどの程度会話ができるか」別でみると，「日本人と同程度に会話できる」「仕事，学業に差し支えない程度に会話できる」「日常生活に困らない程度に会話できる」人を合計すると約95%に上ることを明確にしている。同様に会話の程度別の合計でみると，「同じ仕事をしているのに，賃金が日本人より低かった」と回答した人では84.6%，「勤務時間や休暇日数などの労働条件が日本人より悪かった」は82.4%，「外国人であることを理由に，昇進できないという不利益を受けた」は91.3%，「外国人であることを理由に解雇された」は90.6%，「上司から外国人であることを隠すよう指示された」は96.2%の人がそのような差別を受けた経験があったとしている。以上のことから，仕事に関する差別の経験には，日本語の会話の

程度はあまり関係がない可能性がうかがえると結論づけている。

　またこれ以外にも過去5年において，「日本でお店やレストランなどへの入店やサービスの提供を断られた経験」や「日本で外国人であることを理由に侮辱されるなど差別的なことを言われた経験」，知らない人からジロジロ見られることや，職場や学校の人びとが外国人に対する偏見をもっていて，人間関係がうまくいかなかったこと，日本語がうまく使えないことで嫌がらせをうけたことといった「日本で経験した差別」「日本に住む外国人を排除するなどの差別的なデモ，街頭宣伝活動をしているのを，見たり，聞いたりした経験」といったことをアンケート調査により明らかにしている。

　これを見ても，日本で生活する外国人の多くの人が生活場面，職場で，あるいは街中，そしてTV等のメディアやインターネット等，多くの場面で不快な経験をし，時には生活を送るうえで支障が生じるような経験をしていることがわかる。

3　多文化共生社会の課題

（1）技能実習制度

　2016（平成28）年に公布された「外国人の技能実習の適正な実施及び技能実習生の保護に関する法律」によると，技能実習制度の目的を次のように示している。

> 　この法律は，技能実習に関し，基本理念を定め，国等の責務を明らかにするとともに，技能実習計画の認定及び監理団体の許可の制度を設けること等により，出入国管理及び難民認定法（昭和26年政令第319号。次条及び第48条第1項において「入管法」という。）その他の出入国に関する法令及び労働基準法（昭和二十二年法律第49号），労働安全衛生法（昭和47年法律第57号）その他の労働に関する法令と相まって，技能実習の適正な実施及び技能実習生の保護を図り，もって人材育成を通じた開発途上地域等への技能，技術又は知識（以下「技能等」という。）の移転による国際協力を推進することを目的とする。

　あわせて，この法律において「技能実習」とは，企業単独型技能実習及び団

体監理型技能実習をいい，「技能実習生」とは，企業単独型技能実習生及び団体監理型技能実習生をいう，としている。

　つまりこれは名目上，発展途上国等からの技能実習生が日本のさまざまな業界で学んだ技能を自国に持ち帰り，そこで発展的に生かすことを目的とした制度である。

　一見立派な制度のようにも見えるが，この制度については，技能実習生当事者から，また日本で多くの外国人支援に携わる人から多様な課題が指摘されている。

　この制度そのものは「より実践的な技術，技能または知識を開発途上国等への技術移転を図り，開発途上国等の経済発展を担う人づくりに協力する」として，それまでの研修制度を広げることを目的とし，1993年に創設されている。この当時よりさまざまな問題が頻発しており，たとえば『外国人研修生——時給300円の労働者　壊れる人権と労働基準』（鳥居 2006）では，いくつもの事例を交じえ，この研修制度の課題について追及している。「あとがき」において，長年外国人への支援を多方面に実践している鳥井は次のように述べている。

　　　新聞やテレビなどのマスコミは労働力不足への補充を前提に，研修生・実習生の姿を「友好親善」「と出稼ぎとして報道するのみで，「壊れている」現実を伝えていない。管理監督すべき役所も及び腰だ。産業政策，とりわけ地方地産行に対する無策による構造的矛盾の責任を外国人研修生・実習生に転嫁している。「斜陽」産業の中小零細企業経営者のうめきを外国人研修生のうめきに転化させているのだ。そして「人買い稼業」の横行という信じられない現実。外国人研修・技能実習制度を取り巻く利権への群がりは，まるで時代劇の悪代官と強欲商人，やくざたちの姿を彷彿させる。
　　　　　　　　　　　　　　　　　　　　　　　　　　　　（鳥井 2006）

　さらに鳥井は近著で次のように言及している。「まずは『技能実習生』と呼ぶ偽装をやめないといけません。『労働者を労働者として受け入れる』そして『労働者が労働者として移動する』。大切なのは，そういうことだと思います。

技能実習制度の何がズルいのかというと，『発展途上国への技術移転』ということを名目にしていることです。お為ごかしです」。そして，現在日本の労働力が不足しており，困っていることを伝え，労働者の受け入れ制度を作っていくつもりであるが，今はとりあえず過渡期的に期間労働に来ていただけないか，と正直に伝えることが必要であると述べている（鳥井 2020）。

　わが国が日本で生活する外国人に対し，いかに対等に誠実に向き合うか，その姿勢が問われているといえる。

（2）ヘイトスピーチ

　ヘイトスピーチとは法務省のホームページでは次のように紹介されている。

　　　特定の国の出身者であること又はその子孫であることのみを理由に，日本社会から追い出そうとしたり危害を加えようとしたりするなどの一方的な内容の言動が，一般に「ヘイトスピーチ」と呼ばれています。
　　　例えば，
　　⑴特定の民族や国籍の人々を，合理的な理由なく，一律に排除・排斥することをあおり立てるもの
　　　（「○○人は出て行け」,「祖国へ帰れ」など）
　　⑵特定の民族や国籍に属する人々に対して危害を加えるとするもの
　　　（「○○人は殺せ」「○○人は海に投げ込め」など）
　　⑶特定の国や地域の出身である人を，著しく見下すような内容のもの
　　　（特定の国の出身者を，差別的な意味合いで昆虫や動物に例えるものなど）などは，それを見聞きした方々に，悲しみや恐怖，絶望感などを抱かせるものであり，決してあってはならないものです。

　このヘイトスピーチは社会問題となり，2013年には流行語大賞にも挙げられた。ヘイトスピーチは当事者だけでなく，それを聞く人びとにも不安感や嫌悪感，恐怖の感情を抱かせるものである。何よりも当事者の人としての尊厳を傷つけるものである。また人びとに差別意識を生じさせ，時には根付かせるきっ

かけにもなりかねない。民族や国籍等の違いを認める「多文化共生」の成熟した社会を築く上では，無視し，見過ごし，沈黙してはならない事案である。

　そこで2016（平成28）年に「本邦外出身者に対する不当な差別的言動の解消に向けた取組の推進に関する法律」，通称「ヘイトスピーチ解消法」が施行された。前文は次のようになっている。

> 　我が国においては，近年，本邦の域外にある国又は地域の出身であることを理由として，適法に居住するその出身者又はその子孫を，我が国の地域社会から排除することを煽（せん）動する不当な差別的言動が行われ，その出身者又はその子孫が多大な苦痛を強いられるとともに，当該地域社会に深刻な亀裂を生じさせている。
>
> 　もとより，このような不当な差別的言動はあってはならず，こうした事態をこのまま看過することは，国際社会において我が国の占める地位に照らしても，ふさわしいものではない。
>
> 　ここに，このような不当な差別的言動は許されないことを宣言するとともに，更なる人権教育と人権啓発などを通じて，国民に周知を図り，その理解と協力を得つつ，不当な差別的言動の解消に向けた取組を推進すべく，この法律を制定する。

　そして，この法律の目標として「この法律は，本邦外出身者に対する不当な差別的言動の解消が喫緊の課題であることに鑑み，その解消に向けた取組について，基本理念を定め，及び国等の責務を明らかにするとともに，基本的施策を定め，これを推進することを目的とする」としており，通称ヘイトスピーチの定義を次のように条文化している。

> 　この法律において「本邦外出身者に対する不当な差別的言動」とは，専ら本邦の域外にある国若しくは地域の出身である者又はその子孫であって適法に居住するもの（以下この条において「本邦外出身者」という。）に対する差別的意識を助長し又は誘発する目的で公然とその生命，身体，自由，名誉若しくは財産に危害を加える旨を告知し又は本邦外出身者を著しく侮蔑するなど，本邦の域外にある国又は地域の出身であることを理由として，本邦外出身者を地域社会から排除することを煽動する不当な差別的言動をいう。

これ以外に，「国及び地方公共団体の責務」として，「国は，本邦外出身者に対する不当な差別的言動の解消に向けた取組に関する施策を実施するとともに，地方公共団体が実施する本邦外出身者に対する不当な差別的言動の解消に向けた取組に関する施策を推進するために必要な助言その他の措置を講ずる責務を有する」としている。あわせて地方公共団体にあっては，「本邦外出身者に対する不当な差別的言動の解消に向けた取組に関し，国との適切な役割分担を踏まえて，当該地域の実情に応じた施策を講ずるよう努めるものとする」として努力義務を条文化している。そして相談体制の整備，教育の充実，啓発活動等の策を積極的におこなうことが明記されている。

（3）外国にルーツのある子どもの育ち

　ここでは外国にルーツのある子どもの育ちや教育について，見ていきたい。まず，教育を受ける権利と就学義務についてである。

　日本国憲法第26条には，以下のように教育を受ける権利，受けさせる義務が明記されている。

> 第26条　すべて国民は，法律の定めるところにより，その能力に応じて，ひとしく教育を受ける権利を有する。
> ②　すべて国民は，法律の定めるところにより，その保護する子女に普通教育を受けさせる義務を負ふ。義務教育は，これを無償とする。

　一方で外国にルーツのある子どもについてはどうだろうか。総務省は「外国人子女については，我が国の義務教育への就学義務は課せられていないが，『経済的，社会的及び文化的権利に関する国際規約』（昭和54年条約第6号）に基づき，入学を希望する者については，公立の義務教育諸学校への受入れを保障」するとしている。また，1965年の文部省（当時の名称）は「一条校に入学した外国人児童生徒は，日本人と同様に取り扱う」とした通達を出している。

　これを確認すると，日本において外国にルーツのある子どもには就学の権利が明確に明文化されていない事実がある。もちろん教育現場の教師は，不登校気味の子どもたちについては日本国籍の子どももそうでない子どもに対しても

同様に積極的に働きかけをおこなっていることと推察する。法律できちんと明文化されていないことにより，子どもの人権保障が確立しているとはいえない。

　人権条約を見てみると，まず，国際人権A規約（1979年批准）第13条は次のように明記している。

> この規約の締約国は，教育についてのすべての者の権利を認める（中略）
> 　(a)初等教育は，義務的なものとし，すべての者に対して無償のものとすること。

　加えて子どもの権利条約（1994年批准）の第28条には「教育への権利」が次のように明文化されている。

> 　1．締約国は，教育についての児童の権利を認めるものとし，この権利を漸進的にかつ機会の平等を基礎として達成するため，特に初等教育を義務的なものとし，すべての者に対して無償のものとする。

　日本は国際人権A規約も子どもの権利条約についても批准しており，国内における外国ルーツの子どもたちへの人権保障，こと教育を受ける権利については十分に整備しなければならない。

　ここでいう教育を受ける権利についてであるが，ただ単に学校に行かせて授業を受けさせるだけでは「教育を受ける権利」を保障しているとはいえない。

　「日本語指導が必要な児童生徒の受入状況等に関する調査（平成30年度）」の結果を見ると，2018（平成30）年では日本語指導が必要な子どもたちは全国に約5万人いることがわかっている（図9‐1，9‐2参照）。

　この日本語能力については「生活言語」と「学習言語」があり，生活言語能力は特に子どもは吸収力が高く，比較的すぐに身に付けることが可能であるといわれている。一方，「学習言語」は理解することや実際に活用することは困難なため，授業の内容が理解できず，授業に集中できなくなったり，そのために授業中に立ち歩いたり寝たり，私語をすることなどにつながり，意欲的に学習を進めることが困難になる。授業を理解し，十分な読み書きができるためには長期の支援が必要である。ところが表面的には生活言語は身に付けているために日常生活が普通に送ることができているように周囲には認識され，それが

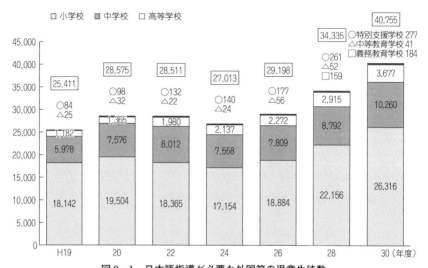

図 9-1　日本語指導が必要な外国籍の児童生徒数

出所）「日本語指導が必要な児童生徒の受入状況等に関する調査（平成30年度）」。

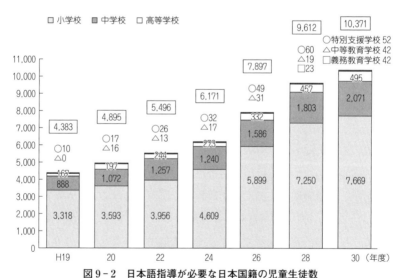

図 9-2　日本語指導が必要な日本国籍の児童生徒数

出所）「日本語指導が必要な児童生徒の受入状況等に関する調査（平成30年度）」。

「態度が悪い」「ただの怠け」「意欲がない」などと誤解されることもある。このことを教育者や支援者は十分理解しておく必要がある。

　今まで確認してきたように，多文化社会化する昨今の状況に応えうるため，2019年，日本語教育の推進に関する法律（日本語教育推進法）が成立した（図9-3参照）。これは外国人が日本語を学べるように国，地方自治体，企業などの責任を決めたものである。地方自治体は日本語を教えるための方針を決め，実現することを目指すことを明記している。また，企業などは雇用している外国人やその家族が日本語教育を学べるようにすることが明文化されている。図9-1や9-2でも確認したとおり，その数の多さは明確であり，具体的な対応が急がれる。

　一方，母語教育も非常に重要である。母語とは，幼児期に最初に自然に身に付けた言語をいう。日本に生まれまた育つ場合は，母語とその後の生活圏の言語が一致する。しかしそれが一致しない場合も外国にルーツのある人の場合少なくない。たとえば小学校高学年までブラジルで育ち，その後，保護者の事情により日本に来た場合，母語（ポルトガル語）とその後の生活圏の言語（日本語）が異なってくる。この場合，周囲は日本に慣れさせようとして日本語教育にばかり焦点を当て，子どもに向き合いがちとなる。ところがここで母語教育は重要であり，必要不可欠なものである。理由として，まずは本人にとって馴染みのある母語能力を高めることにより，思考力や認知力を高める必要があるからである。一般的に日本語が母語の人がたとえば英語で作文を作る場合を考えてみたい。まずは日本語でその内容を十分考察し，一通り作り上げてから英語に翻訳する，という作業をおこなうだろう。つまり，十分深く考察するにあたっては英語能力よりも日本語の能力を用いてその作業をおこなうはずである。その意味では表現することや思考すること，認知力を高め，自尊心を保つことにつながる母語教育は欠かせないものといえる。またこれ以外にも母語教育を疎かにすることにより，親子間のコミュニケーションが難しくなる可能性がある。これらを十分認識しないままの教育活動が続くと，子どもはさまざまな場面でドロップアウトしてしまい，その後の人生に大きく影響する可能性がある。このことを十分認識することが必要である。

目的（第一条関係）

（背景）日本語教育の推進は、
- 我が国に居住する外国人が日常生活及び社会生活を国民と共に円滑に営むことができる環境の整備に資する
- 我が国に対する諸外国の理解と関心を深める上で重要である

　　　　　　　　　　　　　　　そこで、定義以下について定めることにより、

（目的）多様な文化を尊重した活力ある共生社会の実現・諸外国との交流の促進並びに友好関係の維持発展に寄与。

定義（第二条関係）

この法律において「日本語教育」とは、外国人等が日本語を習得するために行われる教育その他の活動（外国人等に対して行われる日本語の普及を図るための活動を含む。）をいう。

基本理念（第三条関係）

①外国人等に対し、その希望、置かれている状況及び能力に応じた日本語教育を受ける機会の最大限の確保
②日本語教育の水準の維持向上
③外国人等に係る教育及び労働、出入国管理その他の関連施策等との有機的な連携
④国内における日本語教育が地域の活力の向上に寄与するものであるとの認識の下行われること
⑤海外における日本語教育を通じ、我が国に対する諸外国の理解と関心を深め、諸外国との交流等を促進
⑥日本語を学習する意義についての外国人等の理解と関心が深められるように配慮
⑦幼児期及び学齢期にある外国人等の家庭における教育等において使用される言語の重要性に配慮

国の責務等（第四条—第九条関係）

- 国の責務
- 地方公共団体の責務
- 事業主の責務
- 連携の強化
- 法制上、財政上の措置等
- 資料の作成及び公表

基本方針等（第十条・第十一条関係）

- 文部科学大臣及び外務大臣は、基本方針の案を作成し、閣議の決定を求める。
- 地方公共団体は、基本方針を参酌し、地方公共団体の基本的な方針を定めるよう努める。

基本的施策（第十二条—第二十六条関係）

国内における日本語教育の機会の拡充
・外国人等である幼児、児童、生徒等に対する日本語教育 ・外国人留学生等に対する日本語教育 ・外国人等の被用者等に対する日本語教育 ・難民に対する日本語教育 ・地域における日本語教育 ・日本語教育についての国民の理解と関心の増進

日本語教育の水準の維持向上等
- 日本語教育を行う機関における日本語水準の維持向上
- 日本語教育に従事する者の能力・資質の向上等
- 教育課程の編成に係る指針の策定等
- 日本語能力の適切な評価方法の開発

海外における日本語教育の機会の拡充
- 海外における外国人等に対する日本語教育
- 在留邦人の子等に対する日本語教育

日本語教育に関する調査研究等
- 日本語教育の実態、効果的な日本語教育の方法等に係る調査研究等
- 外国人等のための日本語教育に関する情報の提供等

地方公共団体の施策
- 地方公共団体は、国の施策を勘案し、地域の状況に応じた日本語教育の推進に必要な施策の実施に努める。

日本語教育推進会議等（第二十七条・第二十八条関係）

- 政府は、関係行政機関相互の調整を行うため、日本語教育推進会議を設ける。
- 関係行政機関は、日本語教育推進関係者会議を設け、関係行政機関相互の調整を行うに際してその意見を聴く。
- 地方公共団体に、地方公共団体の基本的な方針その他の日本語教育の推進に関する重要事項を調査審議させるため、合議制の機関を置くことができる。

検討事項（附則第二条関係）

国は、以下の事項その他日本語教育機関に関する制度の整備について検討を加え、その結果に基づいて必要な措置を講ずるものとする。
一　日本語教育を行う機関のうち当該制度の対象となる機関の類型及びその範囲
二　外国人留学生の在留資格に基づく活動状況の把握に対する協力に係る日本語教育機関の責務の在り方
三　日本語教育機関の教育水準の維持向上のための評価制度の在り方
四　日本語教育機関における日本語教育に対する支援の適否及びその在り方

（令和元年6月28日公布・施行）

図9-3　日本語教育の推進に関する法律　概要

出所）文化庁ホームページ（2021年8月19日閲覧）。

┌─**学 習 課 題**─────────────────────────────────

1．この章では多文化共生社会のごく限られた課題のみしか取り上げていないが，従来
　よりさまざまな人権問題が起こっている。たとえば「住居権」「民族教育」「指紋押捺
　問題」「就職差別」「医療現場における対応の問題」「入国者収容所あるいは地方入管
　局の収容場処遇問題」「外国にルーツのある妻へのDV」その他である。これらの人
　権問題について詳しく調べてみよう。
2．外国にルーツのある子どもの言語教育について，さらに詳しく調べ，子どもの教育
　や支援に際して重要となることを考察してみよう。

└───

引用・参考文献

外国人研修生問題ネットワーク編（2006）『外国人研修生──時給300円の労働者　壊れる
　　人権と労働基準』明石書房．

加藤晴康ほか（2016）『世界史A』東京書籍．

高村直助・高埜利彦（2016）『改訂版日本史A』山川出版．

小林建一（2020）「外国籍住民差別の歴史的背景」髙井由起子編『わたしたちの生活と人
　　権』教育出版．

鳥井一平（2006）「おわりに」外国人研修生問題ネットワーク編『外国人研修生──時給
　　300円の労働者　壊れる人権と労働基準』明石書房．

鳥井一平（2020）『国家と移民──外国人労働者と日本の未来』集英社．

法務省出入国管理庁在留外国人統計「在留外国人統計（旧登録外国人統計）統計表」出入
　　国在留管理庁．

法務省（2017）「平成28年度　法務省委託調査研究事業外国人住民調査報告書──訂正版」
　　公益財団法人　人権教育啓発推進センター．

山下清海（2016）「増加・多様化する在留外国人──『ポスト中国』の新段階の変化に着
　　目して」『地理空間9号3巻』地理空間学会：249-265．

（髙井由起子）

第10章

経済的格差と人権

　この章では，「経済的格差と人権」と題し，「経済的格差」をキーワードとして人権問題を考えていきたい。具体的には「格差社会の問題」「生活保護に関する問題」「ホームレス問題」「コロナ禍と経済的課題」などといったテーマの実情を知り，その背景を理解することで，さまざまな角度から考察してみたい。

　まず，イギリスにおける社会福祉の歴史について振り返ってみたい。

　「貧困は個人の責任である。個人的責任である貧困問題を国や地方自治体の税金等を用いて救済することは，生活困窮の状態に陥り，問題を抱えている人の自尊心を損なうことにつながる。国等による救済は有害無益である」

　ここで紹介した考え方は，1830年ごろのイギリスにおける「新救貧法」が発足した時代の有名な経済学者のものである。そして「貧困は個人の責任である」という考え方により，貧困状態にあった人びとは差別され，十分な支援を受けることが難しかった。

　このような考え方について，読者のみなさんはどのように考えるだろうか。

1　日本における現代的貧困問題

（1）貧困は個人の責任か：貧困自己責任論

　本章の冒頭で紹介した考え方について，読者の方々はどのように考えるだろう。

　以下がその例として考えられるが，いかがだろうか。

　　●貧困は個人の責任であるという考えに私は賛成です。一人ひとり努力を
　　重ねてできないことはないはずですし，学校でも「努力は必ず実る」と

習ってきました。その意味では貧困になるのには個人の努力が足らないのではないでしょうか。

● 貧困は個人の責任であるという考えは違うと思います。たとえば，生まれた家庭が大金持ちであるのと，経済的に困窮している家庭に生まれるのとは，その時点で相当の差が生まれるからです。

● 貧困は個人の責任といいますが，たとえば障がいのある人やお年寄りなど，心身にさまざまなハンデのある人には国などによる支援が必要だと思います。しかしながら，働くことが可能な人に対する支援は有害無益であると思います。

● 救済の方法は経済的支援ばかりではないと思います。たとえば，働く能力があるのに，ただ単純に経済的支援を行うことで，その支援に甘えてしまう人もいるかもしれません。しかし，救済の方法にもさまざま方法があると考えるべきと思います。経済的球根状態にある人の状態をよく理解し，経済的支援，相談支援，職業の紹介，働く人の子どもの保育，仕事に就くための技術習得のための教育といった多様な方法で，支援を実践すべきではないでしょうか。

　以上の考え方に加えて，イギリスの慈善組織協会の取り組み，そして当時の考え方についても紹介したい。この慈善組織協会は1869年にイギリスで設立され，社会福祉援助技術の一つである個人援助技術（ソーシャル・ケースワーク）や，地域援助技術（コミュニティワーク）の源流となった活動で，大変意義深い。その活動の一つに，貧困者に対して「施しではなく，友人を」という考え方を掲げた「友愛訪問（Friendly Visiting）」は有名である。しかし，ここでも貧困はあくまでも個人の責任とし，夫婦仲や親子関係の良否，飲酒の有無などによって救済に値するケースかどうかを選別していた。そして，専門職の教育や指導の及ばない人は「価値のないケース」として見捨てることもあったという。

　このような考え方についてはどう思うだろうか。簡単にいえば，「専門職の指導を聞かないから価値のないケースである」として，救済や支援をやめてし

まう，ということである。専門職も人間であるので，対応の難しい生活困窮者
への支援となると，疲弊したり，不平不満を口にしたくなったり，対応がおっ
くうになることも考えられる。しかしながら，そういった困窮者を「対応する
のが嫌だ」という理由で見放してしまうということは，専門職として正しい対
応であろうか。

（2）さまざまな格差

　現代的貧困問題を取り上げるにあたり，橘木俊詔編集の『格差社会』（ミネ
ルヴァ書房，2012年）において，どのようなテーマが取り上げられているかと
いうことをベースとして説明していきたい。

　この文献では，「格差社会」を視点として，「格差」の総論，そして，地域，
女性，子ども，就労スタイル，外国人，障がい者，若年者，高齢者の「格差」
の説明という枠組みで展開している。これらのテーマを見渡しても，人権が十
分保障されていない状況と経済的問題を抱えることは，非常に関連か深いとい
える。またこれらのテーマは，他の章で具体的な内容が詳しく述べられている
ので，ここでの内容と他の章とを参照しながら考察してほしい。

　編者である橘木は「はしがき」で，おおよそ次のように説明している。

　　　「格差社会」という言葉がかなりの市民権を得た感がある日本であるが，
　　一方で，この言葉を無視する人びとや嫌悪する人も結構いる。日本が格
　　差・貧困という深刻な問題を抱えるようになっている事実を見たくない，
　　認めたくないという感情かもしれない。（中略）本省の最大の目的は，ま
　　ず格差と貧困の実態についての真実を報告して，国民にその深刻さを認識
　　していただきたいということがある。（中略）どのような人が貧困で苦し
　　んでいるのか，あるいはどのような人に参加の機会が与えられていないの
　　か，ということが主要な関心事である。　　　　　　　　　　（橘木 2012）

　以上，文献『格差社会』を紹介することで，日本における現代的貧困につい
て概説したが，これらの問題は決して近年に湧き起ってきた問題ではない。い

わば，多くの国で古くから課題となっている社会的問題であるといえる。そして，経済的貧困問題は本書の一番のテーマである「人権」の問題と，密接にかかわっている。

（3）生活保護の動向

厚生労働省の「令和2年版　厚生労働白書」にある生活保護の動向（図10-1）をみてみたい。

これを見ると生活保護を受けている世帯は2020年4月現在，約206万人となっている。世帯数では約163万世帯，保護率は1.64％となっている。2015年3月をピークに減少に転じている。それまでは世帯人員とも終戦直後の混乱期を上回る状況が注目されていた。特に近年は，稼働年齢層と考えられる「その他世帯」が高齢世帯とともに増加傾向にあったことが一時期話題となった。日本における実情を見ても，非正規雇用拡大による派遣切れや，雇止めといった職や住居を失うのと同様の状態にある人びとが増加したことがある。これら「その他世帯」は諸々の社会保障が完備していないため，さまざまな対策の検討が

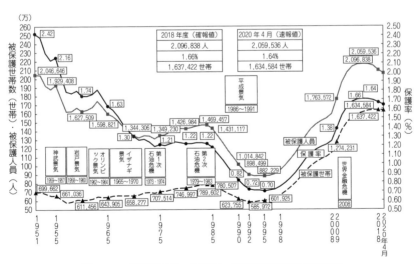

図10-1　被保護人員・保護率・被保護世帯数の年次推移

出所）厚生労働省（2020）『令和2年版厚生労働白書——令和時代の社会保障と働き方を考える』
　　　日経印刷，284。

なされている。一方，生活保障受給者としては，高齢，傷病，障害，母子世帯が8割以上を占めている。そこには，金銭給付のみでは解決できない複雑多岐にわたる生活課題を抱えた人びとがいる。そしてやはり，「高齢者」「障がい者」「女性」「子ども」「ひとり親世帯」の人権問題が，ここでもくっきりとみえてくるのである。

　また，昨今のコロナ不況にあってはどのような人においても経済的困窮状況に陥ることは決して珍しいことではない。ましてや従来から社会保障が十分でない世帯等にあっては如実にその影響が及びやすいといえる。

（4）生活保護制度にかかわる人権問題

① 生活保護に関する裁判

　生活保護制度をめぐる人権問題としては古いが，大変有名なものとして「朝日訴訟」（1957年〜）がある。朝日茂は，当時受給していた生活保護費について，日本国憲法第25条の「健康で文化的な最低限度の生活を営む権利」を明記した「生存権」には不十分であるとした。この裁判は朝日が死亡したのちも，遺族が継続して裁判でこの争ったが，最終的には最高裁判所が本人の死亡をもって訴訟は終了した，と判断した。しかしこの裁判によって，生活保護基準の改定がおこなわれることになった。

　一方，近年においては次のような裁判がある。

　2013（平成25）年，生活保護受給のための申請をした男性（40歳）に対して，「働くことができる（稼働能力がある）」として，保護の支給を認めなかった自治体に対して，男性が裁判を起こした。具体的には，「保護申請の却下処分の取り消し」を求めるものであった。その判決が同年10月に出され，結果は「申請者の状況を個別に考慮すべきだ」として，処分取り消しとなった。

　裁判長は「申請者の状況を個別に考慮すべきだ」とし，働くことができるか否かだけでなく，申請者の健康状態，学歴，生活困窮の度合いなど総合して判断するべきだ，と言及したものである。

　今回の申請者は，最終学歴が中学卒業であり，また特殊な技術や資格をもっていないこと，数回求職活動をして努力を重ねていたこと，申請者が在住して

いる地域の求人数が少ないこと，といった事情があった。こういった事情を漠
然としか調査しておらず，「働くことができる」という理由のみで生活保護の
申請を却下していたことが問題となっている。

　生活保護受給者の判断をするケースワーカーは，年齢や性別，見た目などと
いった表層的な部分のみで判断して，「まだまだ働けるはずである」「努力が足
りないのではないか」といった個人の価値観で理解するのではなく，保護申請
者の話しをていねいに聴き，事情を理解し，総合的に判断することが必要とな
る。

② 生活保護制度とその現場

　生活保護に関しては各自治体の福祉事務所で，日々，ソーシャルワーカー，
あるいはケースワーカーといわれる福祉の専門職が専門的知識と高い倫理観を
もち，対応に奮闘している。しかし時としてさまざまな現実と倫理観，価値観
のぶつかり合いがあり，葛藤が起こるのも実際的といえる。

　ここで「小田原市生活保護ジャンパー事件」を取り上げたい。これは2017
（平成29）年１月17日，毎日新聞の記事から表面化したものである。当時の記
事は下記のようになっている。

　　生活保護受給者を支援する神奈川県小田原市生活支援課の歴代職員計64
　人が「保護なめんな」などとプリントしたジャンパーを自費で作製してい
　たことが分かった。保護世帯の訪問時などに着ていたという。市は「不適
　切だった」として着用を禁止，17日に記者会見し，福祉健康部長や副部長，
　課長ら７人を厳重注意したと明らかにした。

　　同課によると，2007年７月に窓口で職員３人が生活保護を打ち切られた
　男に切りつけられるなどした事件が発生。業務量も多く，職員のやる気が
　低下していたことから，気分を高揚させ，連帯感を高めようと当時の職員
　らが製作を始めた。現在は33人の在籍者のうち28人の職員が作っていた。
　冬に保護世帯を訪問する際，防寒着として着用するなどしていたという。

小久保（2017）によると，ジャンパーの背面には，「生活・保護・悪撲滅・チーム」を意味するという「SHAT」という文字が大きくプリントされ，「我々は正義だ」「不当な利益を得るために我々をだまそうとするならば，あえて言おう。クズである」といった文章が英語で書かれていたという。

　同記事の実際のジャンパーの画像を見ると，ジャンパーの左胸部分には「HOGO NAMENNA」（保護なめんな）とローマ字で記載され，「悪」に×印を付けたようにしたエンブレムがある。背面には生活（S）保護（H）悪（A）撲滅チーム（T）の頭文字を取り「SHAT TEAM HOGO」と大文字で書かれているものである。

　また，後の調査では同部署では「SHAT」というロゴをあしらったポロシャツ，Tシャツ，ボールペン，マグカップ，携帯ストラップなどまで作成していたことが発覚したという。

　小久保はまた小田原市のこの事案に対する対応は非常に迅速で誠実であったとしている。具体的には検討会の設置と，その委員として元生活保護ケースワーカーであった研究者を中心としたメンバーによる検討会の実施，早急なる報告書の作成，そして生活保護受給者を「生活保護利用者」とするなどの生活保護受給者への理解を深める取り組みを実践していることを挙げている。

　そして最後に次のようにまとめている。

　　今後，報告書が指摘した問題点などが着実に改善され，生活保護利用当事者と職員の関係性が相互の「信頼と尊敬」に変化すること。CW（ケースワーカー）が市民に寄り添う姿勢に立ち，仕事に誇りとやりがいを感じるようになること。そのことが生活保護利用当事者や市民に実感として受け止められるようになること。そうなって初めて，異例尽くしだった検討会の意義が真価を発揮したと言えます。　　　　　　（小久保 2007）

2　ホームレス問題

（1）日本におけるホームレスの現状

　日本におけるホームレス人口は，2019年の厚生労働省の調査によると，全国で4555人である。2009年には３万人近くに上るまで増加したが，近年は減少傾向である。年齢層としては中高年の男性が９割以上を占めており，高齢化が問題となっている。またその一方で，近年では「ネットカフェ難民」といわれる若者層のホームレスも社会問題となっている。

　近年の傾向を厚生労働省の調査結果を概説することで説明しておきたい。厚生労働省は，2019年１月に実施したホームレスの実態に関する全国調査（目視による概数調査）を実施している。ポイントは次の４点とのことである。

① ホームレスが確認された地方公共団体は，275区町村であり，25市区町村（9.1％）減少している。

② 確認されたホームレス数は，4555人（男性4253人，女性171人，不明131人）であり，422人（8.5％）減少している。

③ ホームレス数が多かったのは東京都（1126人）で，次いで多かったのは大阪府（1064人），神奈川県（899人）である。その中でも，東京区23区および政令指定都市で全国のホームレス数の約４分の３を占めている。

④ ホームレスが確認された場所の割合が，昨年から大きな変化はみられなかった（「都市公園」22.7％，「河川」30.3％，「道路」18.7％，「駅舎」5.2％，「その他施設」23.1％）。

表 10 - 1　全国のホームレス数

（人）

調査年	男	女	不明	合計	差引増▲減
2015年	6,040	206	295	6,541	―
2016年	5,821	210	204	6,235	▲306（▲4.7％）
2017年	5,168	196	270	5,534	▲701（▲11.2％）
2018年	4,607	177	193	4,977	▲557（▲10.1％）
2019年	4,253	171	131	4,555	▲422（▲8.5％）

出所）厚生労働省（2019）。

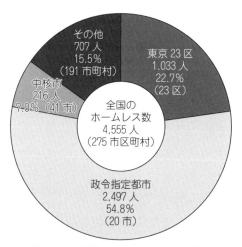

図 10 - 2　全国のホームレスの分布状況

出所）厚生労働省（2019）。

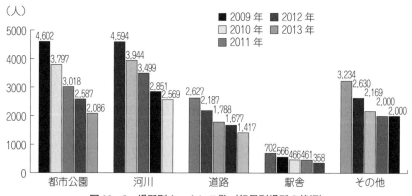

図 10 - 3　場所別ホームレス数（起居別場所の状況）

出所）厚生労働省（2013）。

　日本は，① 東京都台東区の山谷，② 神奈川県横浜市の寿町，③ 愛知県名古
屋市の笹島，④ 大阪市西成区のあいりん地域が，４大ドヤ街といわれている。
そのなかのあいりん地域は，大阪万博（1970年）当時に仕事を求めて来た労働
者の高齢化が顕著になってきている。高齢化が進んでいるため肉体労働中心の
日雇い労働に就くことができず，経済的困窮は進む一方である。そのため，日
払い宿舎で寝泊りできず，地域内にある公園や路上で寝泊りすることになる。

（2）若者ホームレスについて

　ホームレスというと，どのような人をイメージするだろうか。

　先のデータを見ても，日本のホームレスは高齢化が進んでいることが問題となっている。

　しかしその一方で，若者ホームレスといわれる若年者のホームレスも問題となっている。「ビックイシュー」といわれるホームレス者への就労支援を実践している組織と飯島裕子が50名の人に聞き取り調査を実施している。それによれば，たとえば主な養育者として，「両親」とする人が半分ではあるが，「父親」「母親」とするひとり親家庭で育った人も多く，さらに「児童養護施設」である人も12％となっている。ここからはっきりとうかがい知ることは難しいが，養育者自体も自身の生活で精一杯である可能性も否定できない。何より，家族と連絡についてみても，「良好」とした人は１割であり，ほとんどが連絡を十分にとり合っていない。また，最終学歴について，高校卒業までとした人が全体でみても８割程度を占める。そして，転職回数も多くなっている。当然ながら就労状況が安定しているとは言い難い。このような実態から考えて，子どものころからの人権や労働者としての人権が保障されてきたのだろうかと考える。

（3）ホームレス襲撃事件と，それを防ぐための地域での取り組みの実際

　こういった人びとに対して，中学生や高校生その他若者が暴力をふるったり，衣類や段ボールなどに火をつけるといった，「ホームレス襲撃事件」が起こっている（表10-2参照）。この背景には「ホームレスは汚くて，臭くて，怖くて，仕事もしない，なまけものの人たち」という，若者などのホームレスの人びとへの強い偏見と差別の意識があるといわれている。

　北村年子は次のように述べている。

　　あの本を書いているときの「私」は，終始，二つの立場，二つのベクトルにひき裂かれていました。野宿を強いられている人たちの側に立ちたい思いと，その人たちを「人間」として見られずに，否定し攻撃してしまう

表 10 - 2　過去の主な野宿者襲撃事件

1983年 （神奈川県）	14から16歳の少年10人が野宿者を次々と襲い，そのうち公園で野宿をしていた男性が死亡。
1995年 （大阪府）	道頓堀にある戎橋で寝ていた男性が，通りがかった24歳の男に川に落とされ死亡。
2000年 （東京都）	夜間に連続して野宿者が襲われ，高架下で寝ていた三税が死亡。大学生3人が逮捕された。
2002年 （東京都）	ゲートボール場で野宿をしていた男性が，中学生や高校生から暴行を受けて死亡。
2006年 （愛知県）	連続11件の野宿者襲撃事件。中学生3人と28歳の男が共謀し，鉄パイプで殴られた女性が死亡。
2012年 （大阪府）	野宿者5人が相次いで襲われ，男性1人が死亡。16から17歳の少年4人は「ストレス発散」「面白半分」などと語った。
2013年 （大阪府）	夜11時20分ごろ，花園公園北西角歩道上でテント生活をしているFさんはバタバタとテントに何か当たる音がして目が覚めた。3，4人の少年にモルタル片で右頭部を殴打された。
2014年 （長崎県）	3月2日午前4時40分ごろ，長崎市中心部で50代の野宿者を蹴るなどしたとして，長崎市の無職の男（43）が暴行容疑で長崎署に現行犯逮捕された。
2015年 （福岡県）	福岡市内の公園においてホームレスのテント小屋などが燃える不審火が数件発生していたことを支援団体等への毎日新聞の取材で明確にしている。けが人は出ていないが，小屋が全焼した事例もあり，支援団体は「人命に関わる」として福岡県警に相談している。
2015年 （大阪府）	大阪市内の高速道路の高架下で，65歳のホームレスの男性の布団が燃えているのが発見された。さらに近くで寝ていた56歳のホームレスの男性が使っていたカーペットからも煙が出ているのが発見され，火はすぐに消し止められ，2人にけがはなかった。

出所）ホームレス問題の授業作り全国ネット「野宿者襲撃事件・略年表」ホームページより作成。

子どもたち・若者たちに寄りそおうとする思い。「襲撃」という暴力の被害者と加害者には，ちがいありません。でも。誤解をおそれずにいえば，両者は，私にとってひとつらなりの。分断できない，「仲間」でした。その，双方の痛み，苦しみを感じながら，ひき裂かれている「私」自身の痛みそのものが，この世界のあらゆる対立・分断・紛争の哀しみにつながっていることを感じるようにもなりました。　　　　　　（生田・北村　2013）

北村は，1995年に大阪で起こった，寝ているホームレスの男性を，通りかか

った若者が川に落として殺害した事件を深く追究している。そこではホームレス状態にある人も，またホームレスを襲撃する若者の多くも，その背景には複雑な事情を抱えていることに注目している。そしてその詳細をていねいに追究し，いくつもの文献を書きあげるだけでなく，全国各地の学校に赴き，ホームレス問題を子どもたちと共に考える取り組みを実践している。

　一方，大阪市西成区のあいりん地域では，小学生や中学生などの子どもたちが「子ども夜周り」と呼ばれる地域活動をおこなっている。内容としては，まず地域のホームレスの人やその暮らしについて自分たちで調べ，それをふまえ，自分たちでできることができないか考える。そして，ホームレスの経験のある人から実際に話を聞く機会を設ける。また，場合によってはホームレス襲撃事件の実態を調べ，加害者の動機や心理状態を考察する。その後，こういった問題の解決となる方策を考える。

　実際には寒さが増す1月から3月，定期的に野宿しているホームレスの方を訪ねるという活動を実施している。その際，おにぎりや毛布などを持参して，必要に応じて提供し，可能であればホームレスの方と談話をする。このことによって，ホームレスの方は，決して「汚くて，臭くて，怖くて，仕事もしない，なまけものの人たち」ではなく，ホームレスに至るまでのさまざまな事情があることを知るようになる。あわせて，こういった問題も社会的構造から嫌が応にも生まれてしまう現実を理解していくことを目標としている。

　身近にホームレスの方も見ながらも，自分たちとは疎遠と思える問題について，子どもたち，あるいは地域住民がさまざまな方法で考察し，理解していく取り組みも，ホームレスの方へ偏見を軽減させる，人権教育の実践の一つであるといえよう（引用：ホームレス問題の授業づくり全国ネット制作DVD（2009）『「ホームレス」と出会う子どもたち』）。

3　生活保護の課題と，取り組みの実際

（1）生活困窮者を支える専門職の使命：人権擁護者として

　先の第9章1節では，生活保護ケースワーカーの問題点が表面化した事件を

取り上げたが，その生活困窮者を守り，自立に向けて伴走する専門職の事情を
ひも解くと，その労働環境は大変厳しい状況にある。このことが戦後に発足し
た生活保護法が制定されて以来の長年の課題であることは，いくつもの調査や
研究により明らかにされている。

　あらためて，生活保護受給者のために生活の方向性を受給者と共に考え，自
立に向けて支援していく専門職として，生活保護ケースワーカー（あるいは生
活保護ソーシャルワーカーとも表記されることもある）がいる。これら専門職
の代表的な組織である国際ソーシャルワーカー連盟（IFSW）は，ソーシャル
ワークの定義として次のように定めている。

　ソーシャルワーク専門職は，人間の福利（ウェルビーイング）の増進を目指し
て，社会の変革を進め，人間関係における問題解決を図り，人びとのエンパワー
メントと解放を促していく。ソーシャルワークは，人間の行動と社会システムに
関する理論を利用して，人びとがその環境と相互に影響し合う接点に介入する。
人権と社会正義の原理は，ソーシャルワークの拠り所とする基盤である。

　このなかで，ソーシャルワークは「人びとのエンパワーメント解放」を目標
としているが，定義の解説としてソーシャルワーク専門職は，社会的包括（ソー
シャル・インクルージョン）を促進するように努力することを明記している。
これは，経済的，文化的，社会的，その他さまざまな意味合いにおいて社会の
周辺にあり，社会的排除（ソーシャル・エクスクルージョン）に追い込まれや
すい人を地域社会の一員としてつながりを維持し，拡大することを意味してい
る。ここでいう社会的排除の対象となりやすい例として，この章で取り上げて
いる生活困窮者，ホームレスの人が挙げられる。また，それ以外にも障がいの
ある人や，外国籍の人，高齢で認知症があり，コミュニケーションが困難，自
身でコミュニケーションを断つ傾向にある地域から孤立しがちな人も挙げられ
る。近年の生活保護受給者の増加にみられるように，経済的困窮にある人びと
の問題への対応は急務の課題であるといえる。

　ここでソーシャルワークを構成する３つの要素と，援助者としての在り方を
あらためて確認したい。それはつまり「知識・技術・価値倫理」である。これ

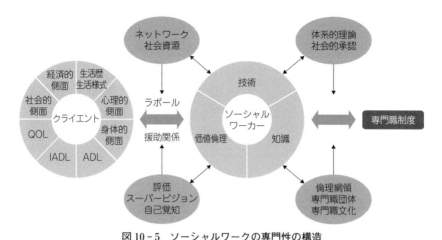

図10-5　ソーシャルワークの専門性の構造

出所）成清美治・加納光子編（2010）『相談援助の基盤と専門性』学文社，23ページ。

ら3つの基本的要素が充実してこそ，専門的かつ効果的な援助活動となり得るのである。

　ソーシャルワーク活動における専門的「知識」であるが，これは人が抱える問題が複雑多岐にわたる現在にあっては，実は多様な「知識」が求められるといえる。社会福祉に関連することはもちろんのこと，保育，医療，心理，経済，教育などの関連領域の知識についても必要とされる。

　「技術」は，社会福祉に関する技術だけでなく，たとえば保育士を目指す人は，保育の技術がソーシャルワークを展開するうえで有効に働くことは大いにあり，子どもや子どもを取り巻く大人の生活を豊かにしていくものといえる。また，カウンセリングや心理療法，介護を含むケアワークといった社会福祉の隣接領域の技術も有効である。

　最後に「価値倫理」であるが，これは援助活動を正す役割をもつものである。つまり「知識」や「技術」を方向づけるものである。援助活動の指針となる専門的価値を，専門職の行為や態度の規範という形で具体的に明文化したものに「倫理綱領」がある。わが国のソーシャルワーク活動においては，日本ソーシャルワーカー協会によるものが有名である。また，たとえば保育士の倫理綱領としては「全国保育士倫理綱領」がある。この前文には「私たちは，子どもの

育ちを支えます。私たちは，保護者の子育てを支えます。私たちは，子どもと子育てにやさしい社会をつくります」とある。まさに私たちはこれからのことを実現するため，「知識」や「技術」を高め，日々精進し，実践を続けなければならないといえよう。

　たとえば生活保護受給者の人権擁護を促進するうえでは，理念や倫理観の涵養も重要であるが，一方で生活保護受給者を支える支援者の専門性の傾向や質量ともの充実，職場環境を整備することも必要不可欠であるといえよう。

（２）ビックイシューの取り組み

　ホームレスの人権を考えるとき，ホームレスの方を理解することだけでは不十分であるといえる。こういった状況にある方々に対する具体的な支援についても理解しておきたい。その実践例の一つとして，「ビックイシュー」を取り上げてみたい。

　ビックイシューについて，発行元であるビックイシュージャパンでは次のように紹介している。

　　　定価350円の雑誌『ビックイシュー日本版』をホームレスである販売者が路上で売り，180円が彼らの収入になります。最初の10冊は無料で提供し，その売り上げ（3,500円）を手元に，以降は1冊170円で仕入れていただく仕組みです。

　この仕組みの発祥はイギリスにあり，イギリスの化粧品製造社会主宰・ゴードン・ロディックが発足させたものである。そして，イギリスから全世界に広がりをみせ，販売されている。この事業に参加したことがきっかけとなり，多くの人がホームレス状態から脱却し，住宅生活に移行する人も多くいるという。

　このように，就労の機会を提供し，また販売促進のためのアイデアを出し合い，技術を伝え合う取り組みは非常に重要であるといえる。

4　コロナと貧困

（1）コロナ禍における経済的影響

　2020年以降，猛威を振るう新型コロナウイルスによって，日本のみならず，海外においても，その疾病の発症だけでなく，経済的な問題が起こっている。この状況そのものが人権問題，人権課題といえる状況である。

　朝日新聞2021年8月27朝刊記事では「コロナ破綻2,000件迫る　国支援でも増える『倒産予備軍』」との見出しのとおり，コロナ禍における経営破綻について報じている。記事は次のとおりである。

　　　新型コロナウイルスの感染拡大による企業の経営破綻（はたん）（倒産）が計2,000社に迫っている。政府の手厚い資金繰り支援策で，コロナ関連以外も含めた倒産件数全体は歴史的な低水準だが，飲食・宿泊など一部業種の苦境は長期化している。一時的に延命している企業も多く，「倒産予備軍」が蓄積している可能性もある。

　　　東京商工リサーチ（TSR）が企業や弁護士への聞き取りをもとに，コロナ禍が一因で借金返済や代金支払いをできずに破綻した事業者を集計している。負債額1千万円未満の倒産も含め，昨年2月〜今年8月26日の累計で1,973社。従業員数の規模でみると，計約2万人が働く場だった。

　同記事によると，業種別では飲食業が363社と最多となっている。政府からの休業・時短営業，酒類の提供停止の要請などが影響しているとのことである。それに加えて，宿泊業や娯楽業，アパレル業とその関連の卸売業も多いということである。従業員数別でみると10人未満の企業が約8割を占めている。この従業員にはパート雇用の女性や，アルバイトをする若者が多く含まれることが推察される。このことが女性の貧困，子どもの貧困につながる可能性があり，実際に頻繁にメディア等で話題となっている。また，若者の貧困問題については，大学等の学業活動に影響を及ぼし，せっかく入学できた大学であっても退

学を選択するしかない状況も起こっている。それが直接的に経済的に困窮してしまうことだけでなく、アルバイトを無理に重ねてオンラインを中心とした学業についていけずに留年や退学等につながる可能性もある。若者世代への支援や制度は十分整備されておらず、コロナ禍が直接的に当事者に影響を及ぼすこととなる。

なお、同記事は、東日本大震災を一因とする「震災関連倒産」は2011年3月の発災以来の10年間で計1979社であること、コロナ関連倒産は1年半でこの規模に並んでいることも併せて指摘している。そして震災関連は全体の約4分の1が東北6県の企業であり、コロナ関連は東京・大阪など全国の都市部中心に広がる、としている。

(2) SDGsとコロナ禍

近年よく耳にするSDGsという言葉がある。これは2030年に向けた世界共通の行動計画を指す。SDGsとはSustainable Development Goals（持続可能な開発目標）の略語であり、17の目標を掲げている（第2章参照）。このうちの一つに「貧困撲滅」がある。図10-6を見ると、コロナ禍前までは1日1.9ドル未満で生活する状態、つまり「絶対的貧困」の状態にある人の人口はここ数年、順調に減少傾向にあった。しかし新型コロナの流行により、跳ね上がるようにその数値が増加に転じている。

これは1990年代以降で初めての増加傾向とのことである。

加えてこれら絶対的貧困については、飢餓につながるだけでなく、医療や教育を受けることができない人が増加することや紛争のきっかけとなる可能性があること、また女性や立場の弱い人への影響が大きく、世代を超えて格差が固定化される問題について同記事では指摘している。

加えて図10-7を見てほしい。これは相対的貧困に関するグラフ図である。

相対的貧困率とは、手取り収入を世帯人数で調整した等価可処分所得を高い順に並べ、中央の額の半分に満たない人の割合をいう。「先進国クラブ」とも言われる経済協力開発機構（OECD 37カ国）の加盟国においては、相対的貧困率は2016年では平均11.7%となっている。日本は平均よりも高い15.8%

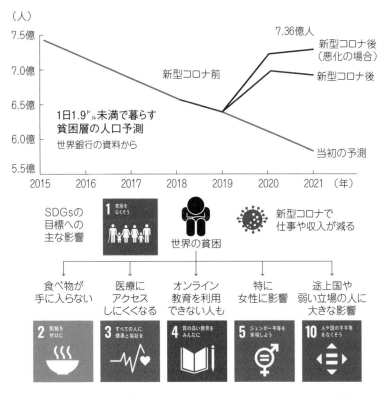

図 10 - 6　コロナと絶対的貧困層・SDGs の目標へのコロナによる影響
出所）『朝日新聞朝刊』2020年10月18日。

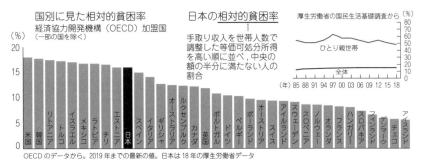

図 10 - 7　国別に見た相対的貧困率と日本の相対的貧困率
出所）『朝日新聞朝刊』2020年10月18日。

（2018年）となっている。さらにそれはひとり親世帯では48.2%となっている。同記事では不安定な雇用にある人や女性など，立場の弱い人ほど困窮していることを指摘している。日本の状況を見ても，コロナ禍では飲食業が営業停止やそれに伴う倒産，閉店という厳しい影響を受けており，ここで雇用されていたのが非正規雇用の女性である。これらの人びとに多大な影響を与えていることは確実である。これらのことは「第4章　女性の人権」の内容とともに十分理解を深める必要がある。

学習課題

1. 生活保護受給者と人権問題と専門職の課題について，それと共通する課題が他の教育，医療，福祉等の現場にないかどうか考えてみよう。その問題の背景と原因，対応のあり方について考察してみよう。
2. コロナ不況による人権問題について，どのようなものがあるか自分で調べ，考えてみよう。

引用・参考文献

生田武志・北村年子（2013）『子どもに「ホームレス」をどう伝えるか』太郎次郎社エディタス.

厚生労働省（2013）「ホームレスの実態に関する全国調査（概数調査）結果」.

厚生労働省（2019）「ホームレスの実態に関する全国調査（概数調査）結果について」.

小久保哲郎（2017）「絶望から生まれつつある希望　ジャンパー事件の背景，その後の経緯，そして改善への課題」生活保護問題対策全国会議『「生活保護なめんな」ジャンパー事件から考える』あけび書房.

佐野章二（2013）『社会を変える仕事をしよう──ビックイシュー10年続けて分かった大切なこと』日本実業出版社.

THE BIG ISSU 日本版ホームページ「ホームレスの自立応援事業──ビッグイシューのしくみ」.

生活保護問題対策全国会議（2017）『「生活保護なめんな」ジャンパー事件から考える』あけび書房.

橘木俊（2012）『格差社会』ミネルヴァ書房.

（髙井由起子）

第11章

マイノリティと人権

　本章では，マイノリティ（少数者，以下略）の人権への理解と現状の課題について理解を深めることを目的とする。これから，子どもたちの教職・保育職を目指す人たちに求められるのは，今後の多様性を受容する社会で価値観の再構築を率先しておこなうことであり，その結果としてマイノリティの人権擁護に積極的に取り組むことである。そのような意識が，次世代の子どもたちのマイノリティに対する人権意識も良い方向に変革することになる。現代では民主主義による政策決定がなされる多くの国家において，マジョリティ（多数者，以下略）の総意による社会的価値観が構成される。また，同時に構成人数による定義のみでは，一般的に成立しがちな「マジョリティ＝支配，マイノリティ＝被支配」という図式と，強力な社会的勢力をもつリーダーが多数の物言わぬフォロワー（サイレント・マジョリティ）を支配するという状況の区別はできない（野波 2001；出口 2017）。重要なことは，単に数の論理で社会の方向性を決定する政策決定等をおこなうことは，結果として少数者の人権を軽視する社会を構築するということである。これは，これまでも幾多の歴史が証明している。つまり，安定した社会形成には多数者による政策形成や社会基準の構築に取り組み，同時に少数者の意見を組み入れた社会の多様性を担保することが，重要である。

1　社会的マイノリティとは

　私たちは今日，日々生活のなかでさまざまな方法で，社会からの影響を受けている。特に，近年，スマートフォンや PC の普及により，飛躍的に発達した SNS（social networking service）は，膨大な情報を日々，不特定多数に多くの情報を知らしめている。そのような状況では，これまでの，マイノリティの定義を単に数字上の少数者だけではなく，表出されていない個々の内面特性につ

いても明確な存在として表出することが重要となっている。それは，マジョリティとマイノリティの境界は単一ではなく，複雑に絡み合うことに気づくことになる。つまり，誰もが多様な場面でマジョリティにもマイノリティにもなるのである。結果としてわかることは，個人的な要因に対する社会的な分別が大きな影響を与えることに気づくということである。本章では，現在の社会背景からマジョリティによって刻印された社会的マイノリティについて，マイノリティに対する人種差別，性マイノリティ，その他のマイノリティを取り上げ，人権擁護の視点から検証をおこなう。

（1）歴史からの検証

　ここでは，歴史の事例から，社会的マイノリティの代表的な事象であるマジョリティからマイノリティに対する人種差別がどのように生み出されるのか検証をおこなう。

　周知のように，2020（令和2）年に起きた新型コロナ・ウィルスのパンデミックにより，2021（令和3）年，現在にもおいても，世界各国はその対応に苦慮している。そのようななかで，北米の一部の地域でアジア系住民に対する暴言や暴力が続いていると報道されている。加害者の理屈は，アジアで最初にコロナ・ウィルスよる発症，感染が起き，その原因を作ったアジア人がなぜアメリカで生活しているのかということであろう。同様の事例は，関東大震災（1923年）後に発生した朝鮮人虐殺事件*，最も悲劇はヒトラーによるユダヤ人大量虐殺（ホロコースト）**などでもみられた。そこには，安直な民族主義による差別が存在する。

　　＊関東大震災の混乱時に，朝鮮人による陰謀や犯罪に対する怒りから，自警団等
　　　が多数の朝鮮人，その他のアジア系住民，聴覚言語障害者が殺傷された。
　　＊＊1930年代，ドイツの首相となったヒトラー政権によるナチスがおこなったユ
　　　ダヤ人に対する組織的，官僚的，国家的な迫害，殺戮であり，600万人以上の
　　　被害者がいる。

　大量の情報が得られる今日においても，このような事が繰り返されるのは，

差別する側に情報を正しく分析し理解することができていないためである。反人種差別活動家でフェミニスト（男女平等主義者）であるペギー・マッキントッシュ（Peggy McIntosh）は，「白人の特権」という視点から繰り返すマイノリティにある人たちへの権利侵害に対して，社会システムの転換の必要性を訴えている（マッキントッシュ，1988）。

　ここでの社会システムとは，マイノリティの存在をマジョリティの観念で固定化することではなく，マジョリティに属する個々の人たちによるマイノリティの多様性と個別性を受け入れていくことである。人種の違い，性別，障害の有無等に拘らない社会システムの構築が不可欠である。

（2）人種差別とマイノリティへの人権擁護

　21世紀の現在においても，アメリカでは黒人に対する差別的な言動は続いている。多くの日本人にとって人種差別は国内に居る限り，その実態をほとんど見聞することもなく過ごしている。しかし，今日の日本でも北海道を中心として生活しているアイヌの人びとに対する差別が存在している。アイヌ民族は，元々この地で狩猟や漁労，採取などをおこなっていた固有の民族である。かつて北海道は日本の領土ではなく，アイヌ民族が住む未開の地となっていたが，15世紀以降に和人（日本本島に住む日本人）に侵略された。

　この侵略に対して，1669年にシャクシャインの指導の下で蜂起*したが，徳川幕府による松前藩への援軍や武器・兵糧の供与などにより劣勢となって，シャクシャインの謀殺によって降伏した。その後も和人たちによる侵略は続き，明治時代には一方的に同化をさせるための政策がおこなわれ，アイヌ民族それまでの生活様式などはすべて廃止され，奪われた。旧土人として位置づけられたアイヌの人びとは，法律の下，保護の名目で搾取と抑圧がおこなわれ，北海道の開拓を目的とした屯田兵という移住者の急増によって，和人によるアイヌの人びとの差別が強められた。

　　＊1669年，アイヌの首長であったシャクシャインによる，統治していた松前藩に対する反乱のことである。

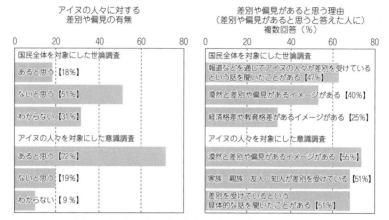

図 11 − 1　国民のアイヌに対する理解度に関する調査

出所）内閣官房アイヌ総合政策室（平成28年）

https://www.kantei.go.jp/jp/singi/ainusuishin/pdf/rikaido_houkoku160322.pdf

　その後，アイヌ，民族を保護する名目で，1899年に制定された「北海道旧土人保護法」は国内外からの批判が続けられ，1997（平成 9 ）年に「アイヌ文化の振興並びにアイヌの伝統に関する知識の普及及び啓発に関する法律」の施行時に廃止された。しかし，アイヌ民族が求めた先住権については触れられておらず，法律が制定後も，個人レベルでのアイヌ民族へのすべての差別が解消していない。労働・就職，恋愛，結婚，学校生活などで差別的な経験をしたという人は今も多く存在している。

　世界中にある人種差別に対して，差別そのものをなくすために人種差別撤廃条約が1965（昭和40）年国連総会において「あらゆる形態の人種差別撤廃に関する国際条約（International Convention on the Elimination of All Forms of Racial Discrimination）」が採択された（日本は1995年に加入）。初めての，人種を理由とした差別を撤廃するための多国間条約となる。この条約では，第 1 条で人種差別を，以下のように定義している。

　　人種，皮膚の色，世系又は民族的若しくは種族的出身に基づくあらゆる区別，排除，制限又は優先であって，政治的，経済的，社会的，文化的そのほかのあらゆる公的生活の分野における平等の立場での人権及び基本的自由を認識し，享有し又は行使することを妨げ又は害する目的又は効果を有するもの。

（外務省 HP　https://www.mofa.go.jp/mofaj/gaiko/jinshu/conv_j.html）

　このなかで世系とは，人種や民族から見た系統を表す言葉であり，日本でも使われる日系や黒人系などが該当する。世界中にある人種差別を撤廃し，差別のない世界を実現するための締約国の義務や約束事をまとめた条約だが，現実には人種差別は多くの国で続いており，戦争や内乱の原因ともなっている。

　人種差別の大きな要因は，人種の区別によるマジョリティからマイノリティへの人種主義であり，現代も世界中のあらゆる国や国際地域のすべての社会に存在している。近年では，ミャンマーにおけるロヒンギャ，1990年台のユーゴスラビア紛争が代表である。

　人種主義はその社会の平常の営みによって，可視化されるものとは限らないが，今日も多くの国，社会で偏在している。一部の人種に基づくマイノリティに対する人権が，多くの文化，国，地域で人種主義の存在そのものが，その社会では否定されている。悪質で陰に隠れた行動や否定に加えて，人種主義は平常の行動，イデオロギー，私人間の関係，社会的な営み，そして制度にも組み込まれる。このように制度化された人種主義は，社会での差別，軽視，不利益のパターンが組織的で肥大化し，持続的となり，しばしば実体化される。つまり，それらが法制度化し，裏に潜む問題や可能な解決策を不明瞭に見えにくいものなる。

図 11-2　弾圧されるロヒンギャ族
出所）https://world-note.com/rohingya-crisis/

図 11-3　ユーゴスラビア紛争でのボスニア難民
出所）http://lingvistika.blog.jp/archives/1061274576.html

言い換えれば，人種主義とは，一部の権力を手に入れ維持するためのマジョリティである優位民族が，マイノリティである隷従民族に対して作り上げたものである。今日の世界の人種主義の原因は，中世期以降の植民地主義と奴隷制にある。特定の民族集団へのほぼ完全な搾取，強奪，混乱，土地と資源の横領，人間性までの否定などが，優位民族と隷従民族を作り上げた。植民地主義と奴隷制は，明確な形ではないが，多くの国や社会形態のなかに明白に残っている。今日の国家，民族，集団の経済的，技術的な発展のレベルは，総じて植民地主義や奴隷制によって引かれた人種的なラインに沿って発展が続いている。それは，歴史的不平等や不正義の影響が，今後を継続する事を示している。

　このように，人種主義は社会的，経済的要素と複雑に絡み，しばしば社会的，経済的不平等の基礎になっていて，多くの社会においては，人種の問題と社会的，経済的階層が相関している。世界の貧困者のほとんどは，植民地や奴隷として隷属されていた国に存在している。人種差別に直面している集団は土地，富，雇用，教育，健康，社会サービスへのアクセス，法律による保護，環境の保護を否定されている。

　2000年以降，人種主義は，排除と軽視の新たな形態を創り上げる一方で，今日では，制度化した堅固な人種主義を助長している。経済先進国による膨大で急速な資本，資源，技術の移動が奨励され十分に規制されない一方で，それに付随する人びとの移動や移住は厳しく規制されている。今世紀になり，ヨーロッパを中心として，移民問題，外国人排斥，移住者への差別はますます広がり，多くの社会と政策の共通的側面となっている。

　最後に，このような人種主義に基づく人種差別は，結果として，よりその他の形態の差別や不寛容に拡大される。すべての人間は，人種，肌の色，民族性，国家的または言語的出自，身分階層，カースト，ジェンダー，性的指向など多様なアイデンティティをもっている。つまり，限られた集団以外の人たちはすべてそのマイノリティの対象となることになるのである。このような愚かな行為を止めることが，今後の人類を生存させることになることは明白である。

2　性的マイノリティと人権

　LGBT（Lesbian：女性同性愛者，Gay：男性同性愛者，Bisexual：両性愛者，Transgender：戸籍上の性と自認する性の不一致等の性的マイノリティの略，近年では Questioning：自分の性別や性的指向に確信がもてない人を足して表示することもある）のような性的マイノリティについては，日本だけでなく，米国においても20世紀半ばまでは忌避の対象であった。たとえば，ストーンウォール事件（1969年），LGBT に対して忌避的判決といわれるハーヴェイミルク暗殺事件（1978年）などから LGBT に対して強い偏見が存在していた＊。その後，当事者たちの積極的な法的権利活動や差別撤回運動により，2015年には同性婚が法的にも認められるようになっている。

　　＊1969年，性的マイノリティ者が集まるバーであるストーンウォールにおいて，警察官による逮捕に対して当事者たちが抗議活動を起こした。1977年，ゲイを公表してサンフランシスコ市の市会議員になったハーヴェイミルクが同僚議員の射殺された裁判での寛容な判決に対して，同性愛者たちが暴動を起こした。両事件とも，性的マイノリティに対する偏見，差別が強く社会に存在していた。

　また，日本においても性的マイノリティに対する人権は軽視されていた。その要因として，わが国の「性的役割分業」の考えが強いことが指摘されている。LGBT の人たちは，そのためにより強い性差観念に拘束されることになり，それは幼児段階から始まる。「幼児期のジェンダーガイドブック」（幼児期のジェンダーガイドブック制作プロジェクト 2019）の報告では，小学校入学児の約500名の保護者に対して，購入予定のランドセルの色が「男子は黒系」「女子は赤系」が当然であり，男子の保護者では赤35.9%，ピンク73.7%の購入に違和感があると答えている。このようなことは，子どもへのプレゼント品についても同様で，性差の固定化が社会で一般化されている。このような通年概念が当たり前として存在し，それから外れる感覚は周囲から違和感，時には差別・偏見の対象となるのである。このような風潮が文化となり，個別性を受け入れに

くい社会を構築していくことになる。

　しかし，必ず文化は変化するものであり，気づかない時間のなかで，新たな概念が一般化されていくのである。マイノリティへの感覚も同様であり，特に近年の性的マイノリティに対する意識変化が顕著である。

　日本におけるマジョリティである非当事者を対象とした性的マイノリティに対する意識の研究は，たとえば，和田（1996）による大学生の異性愛者を対象に同性愛に対する態度に関する研究が興味深い。この研究では，女性は男性よりも同性愛に対して，社会的に容認し肯定的であり，逆に，男性は同性愛に対して忌避的で，特に男性同性愛者に対して心理的距離をとることも報告されている。

　桐原と坂西は，伝統的な価値観をもつ男性ほど，ゲイ男性に対して従来の「なよなよしている」「優柔不断」といった否定的な見方をもつと評価したことを報告した。仕事仲間なら構わないが，身近な人物が同性愛者であった場合に嫌悪的な態度をとったことも明らかにした（桐原・坂西 2003）。

　これらの研究から，マイノリティとして自分に向いていた関心が，他者に向かい，自分自身の当事者性だけでなく，他者の当事者性に敏感になり，その人たち の痛みや苦しみを感じることができるようになることが，多様性への理解の始まりとして重要である。

（1）保育・教育現場における性的マイノリティ

　わが国では，2000年以降，性的マイノリティに対する教育現場のいじめ問題対応や自殺防止への公的支援の対象としての認定などからさまざまな検討が始まった。文部科学省は，2017（平成29）年「いじめ防止対策推進法」に基づく「いじめの防止等のための基本的な方針」の改訂をおこない，性的指向・性自認に関する記載をしたことは大きな変化であった。また，2012（平成24）年8月に閣議決定された内閣府「自殺総合対策大綱」，2015（平成27）年の文部科学省児童生徒課長通知「性同一性障害に係る児童生徒に対するきめ細かな対応の実施等について」や2016（平成28）年「性同一性障害や性的指向・性自認に係る，児童生徒に対するきめ細かな対応等の実施について（教職員向け）」に

続き教育行政・教職員の対応を促すようになった。

　これらの通達などでは，(1)性的マイノリティ児童生徒が在籍していること，児童生徒や保護者から，学校へ相談や支援要請がおこなわれることが，小中学校で支援が検討される条件となっていること，(2)性的マイノリティ児童生徒への今後の支援の充実の必要性は，相談を受けたことがない養護教諭も認識していること，(3)支援を充実させるうえでは，教職員の学習機会の増加が重要であると想定されている。

　教職員に対する支援が必要になると考えた理由は，「相談されるようになれば支援が必要になるから」「見えないが潜在的にいると思うから」等が挙げられたこと等が挙げられている。

　現場である学校側の取り組みとしては，下記の支援環境の構築が求められている。

【学校における支援体制について】

・性同一性障害に係る児童生徒の支援は，最初に相談（入学等に当たって児童生徒の保護者からなされた相談を含む。）を受けた者だけで抱え込むことなく，組織的に取り組むことが重要であり，学校内外に「サポートチーム」を作り，「支援委員会」（校内）やケース会議（校外）等を適時開催しながら対応を進めること。

・教職員等の間における情報共有に当たっては，児童生徒が自身の性同一性を可能な限り秘匿しておきたい場合があること等に留意しつつ，一方で，学校として効果的な対応を進めるためには，教職員等の間で情報共有しチームで対応することは欠かせないことから，当事者である児童生徒やその保護者に対し，情報を共有する意図を十分に説明・相談し理解を得つつ，対応を進めること。

【医療機関との連携について】

・医療機関による診断や助言は学校が専門的知見を得る重要な機会となるとともに，教職員や他の児童生徒・保護者等に対する説明材料ともなり得るものであり，また，児童生徒が性に違和感をもつことを打ち明けた場合であっても，当該児童生徒が適切な知識をもっているとは限らず，そもそも性同一性

障害なのかその他の傾向があるのかも判然としていない場合もあること等を踏まえ，学校が支援をおこなうに当たっては，医療機関と連携しつつ進めることが重要であること。

・わが国においては，性同一性障害に対応できる専門的な医療機関が多くないところであり，専門医や専門的な医療機関については関連学会等の提供する情報を参考とすることも考えられること。

・医療機関との連携に当たっては，当事者である児童生徒や保護者の意向を踏まえることが原則であるが，当事者である児童生徒や保護者の同意が得られない場合，具体的な個人情報に関連しない範囲で一般的な助言を受けることは考えられること。

【学校生活の各場面での支援について】

・全国の学校では学校生活での各場面における支援として別紙（表11‐1）に示すような取組がおこなわれてきたところであり，学校における性同一性障害に係る児童生徒への対応をおこなうに当たって参考とされたいこと。

以上のように，性的マイノリティ児童生徒への支援環境設定を求めている。

表11‐1　性同一性障害に係る児童生徒に対する学校における支援の事例

項　目	学校における支援の事例
服　装	・自認する性別の制服・衣服や，体操着の着用を認める。
髪　型	・標準より長い髪型を一定の範囲で認める（戸籍上男性）。
更衣室	・保健室・多目的トイレ等の利用を認める。
トイレ	・職員トイレ・多目的トイレの利用を認める。
呼称の工夫	・校内文書（通知表を含む。）を児童生徒が希望する呼称で記す。 ・自認する性別として名簿上扱う。
授　業	・体育又は保健体育において別メニューを設定する。
水　泳	・上半身が隠れる水着の着用を認める（戸籍上男性）。 ・補習として別日に実施，又はレポート提出で代替する。
運動部の活動	・自認する性別に係る活動への参加を認める。
修学旅行等	・1人部屋の使用を認める。入浴時間をずらす。

出所）「性同一性障害や性的指向・性自認に係る，児童生徒に対するきめ細かな対応等の実施について（教職員向け）」。
https://www.mext.go.jp/b_menu/houdou/27/04/1357468.htm

> 制服がスカートですごくいやだった。
> 髪を坊主ぐらいに短くして学校に行ったら,
> 先生に「なんだその髪は。もっと女らしくしろ」
> と言われ, 冷たい水が入ったバケツに頭をつっこまれた。
>
> 　　　　　　　　　　　　　25歳　トランスジェンダー

図11-2　教育現場における性的マイノリティ児童生徒の事例

出所）営利活動法人 ReBit　https://gooddo.jp/video/?p=5218

　また, 民間団体として, 教育現場における LGBT 支援をおこなっている特定非営利活動法人 ReBit は, 図11-2のような事例を挙げている。

　また, 保育・教育現場での性的マイノリティに対する人権擁護においては, 子どもだけでなく, 保護者に対しても同様に配慮する必要がある。まず, 子どもの自らの状況を本人, 保護者が受容できているかの検証が不可欠である。また, その過程において, 多様性の重視が求められることは良く知られている。しかし, マイノリティに対する受け入れについては, 個々の保育者, 教師と児童・学生が, 単に存在として受け入れるのではなく,「共に生きる」という観念をもつことが重要である。そのために, その入り口としてのダイバーシティについて理解が必要である。

（2）ダイバーシティの広まり

　近年, 個別性の重視が進むなかで, 新たな概念を表す言葉の一つがダイバーシティ（diversity）である。「多様性」と訳され, 企業では「さまざまな属性をもつ人材の活用を推進する」と理解されている。さらに, 個人のさまざまな属性を受け入れることもその範疇である。それは, 表11-2のように, 識別しや

表11-2　ダイバーシティにおける属性識別

表層的 （外見で識別できる）	深層的 （外見で識別できない）
性別, 年齢, 人種, 民族, 障がいなど	性格, 考え方, 習慣, 宗教, 趣味, 職歴, スキル, 知識, コミュニケーションスタイル, 性的志向など

出所）HRreview ホームページ
　　　https://bizreach.biz/media/19392/

すい個人の表層的の属性から深層的な属性への転換が求められる。

　欧米の企業では，ダイバーシティとセットで「インクルージョン」という言葉が使われる。インクルージョン（inclusion）は，1980年代以降，障がい者を社会的に包括，包含，一体性を進めることを意味することからノーマライゼーションをより進めた概念として理解されている。ビジネス用語では「個々の考え方や能力をいかに活用していくか」という意味で使われ，多様な人材を採用した後の制度や社風づくりに重きをおく考え方である。

　すなわち，「ダイバーシティとインクルージョン」とは，ダイバーシティの「人材の多様性を認め，活用する」という考え方に，インクルージョンの「個人を尊重し，効果的に生かし合う考え方」を合わせたもので，日本では外資系企業を中心に「ダイバーシティとインクルージョン」を掲げる企業も増えつつあるが，このような観念を正しく育てるためには，幼児期からの教育が大切である。最近では，下記のような「隠れたカリキュラム」といわれる無意識のうちにおこなう性の特定をしてしまうような内容についても配慮される必要がある。今後の保育・教育現場では，このような意図されないままに使われる日々の子どもたちへのかかわりに対する気づきが重要である。

【「隠れたカリキュラム」の例】

・「〇〇さん」「〇〇ちゃん」「〇〇くん」または呼び捨てなど，子どもによって
　異なる呼び方をする。
・保育園・幼稚園のスモックの色が，男の子は青，女の子はピンクと決められて
　いる。
・学校の名簿が男女別で，男子が先に並んでいる。
・係決めの際，男女に偏った選出をしている（女子は掃除が得意だから清掃係，
　など）。
・男の子，女の子はこうあるべきといった，性別役割分担の固定観念に満ちた教
　科書を使っている。

（3）働く場での性的マイノリティへの検証

　近年は，就労の現場においても多様性の認容を労働者の権利とする立場から，障がい者，性的マイノリティ，外国人等のマイノリティを正しく理解するために，企業などには，職場におけるハラスメント防止のために，より広範なSOGI（Sexual Orientation & Gender Identity：性的指向と性自認）についての理解も必要とされている。

　たとえば，2019（令和元）年1月に制定した「大阪府性的指向及び性自認の多様性に関する府民の理解の増進に関する条例」（令和元年大阪府条例第18号）では，事業者の責務として，「事業者は，基本理念にのっとり，性的指向及び性自認の多様性に関する理解を深め，その事業活動を行うに当たっては，性的指向及び性自認の多様性に関する理解の増進の取組に努める（中略）こととする。」ことが明記されている。これは，下記の厚生労働省が定めた「モデル就業規則」を受けた内容とされている。

モデル就業規則

　常時10人以上の従業員を使用する使用者は，労働基準法第89条の規定により，就業規則を作成し，所轄の労働基準監督署に届け出なければなりません（変更の場合も同様です。）。厚生労働省では，使用者が各事業場の実情に応じた就業規則を作成・届出するための参考として，「モデル就業規則」を示しています。モデル就業規則では，従業員の服務規律として，性的指向や性自認に関するハラスメントを禁止する規程例を掲載しています。

（その他あらゆるハラスメントの禁止）
第15条　第12条から前条までに規定するもののほか，性的指向・性自認に関する言動によるものなど職場におけるあらゆるハラスメントにより，他の労働者の就業環境を害するようなことをしてはならない。

　出所）三菱UFJリサーチ＆コンサルティング「令和元年度　厚生労働省委託事業　職場におけるダイバーシティ推進事業　報告書」（2020年3月）

　一方，今日では，雇用される労働者の団体である労働組合おいても，下記のような情報提供をおこない，性的マイノリティに対する理解を進めているも興

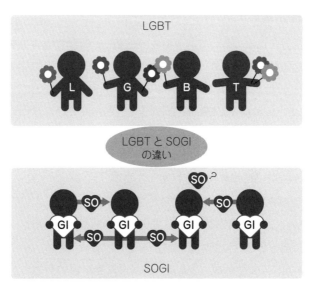

図 11-3 LGBT と SOGI の違い
出所）日本労働組合総連合会ホームページ
　　　https://www.jtuc-rengo.or.jp/activity/gender/lgbtsogi/

味深い。労働者の組合団体である日本労働組合総連合会は，LGBT 法連合会，
ヒューマン・ライツ・ウォッチ，アスリート・アライの 3 団体がおこなう
「LGBT 平等法」の制定を求める国際署名キャンペーン「Equality Act Japan」
に参加していることが注目される。図 11-3 のように，LGBT と SOGI の違い
を示すことから，性マイノリティへの理解を進めている。

（4）性的マイノリティへの人権侵害の分析

　これまで述べてきたように，性的マイノリティに対する社会認知は，社会意
識によって多様なとらえ方があり，近年では大きく変化している。しかし，そ
の対象となる人たちの人権が侵害されることは，いずれの場合においても必ず
発生する。その際に起きる人権侵害とは，他のマイノリティを含めて下記のよ
うな社会状況を生み出すことが顕著である。

●識別可能性

　ある身体的，文化的な特徴によってほかの集団と区別される著しい違いが現れる。よって，このような少数者たちは差別を避けるため，こんな「違い」を隠そうとすることもある。障がいのある人たちの障害者手帳給付により，障がいが社会的に認知されることが代表である。

●権力の差

　権力の差とは，経済力，社会的な地位，政治権力など，いろんな部分で実質的な差があるか，もしくはいろんな資源を動員できる能力の差が出ることを意味する。これらを得ることは，マイノリティにとっては最も困難なことである。

●差別的かつ軽蔑的な待遇の存在

　少数派への差別はある個人がただその集団の一員という理由だけで社会的に差別されるという状況を招来する。結果として，これがサイレント・マジョリティとして一般化され，マイノリティが固定化されるのである。

●少数派としての集団意識

　マイノリティ自身が受けている権利侵害の要因は，マジョリティたちが優位なルールでの結果であると悟る。このような意識はたった数人の思いから始まるが，差別の繰り返しによって全体的な連帯意識に拡張される。今日では組織化され，セルフヘルプグループとして社会に意見を表明することもある。

　前提として，すべてのマイノリティが連帯意識をもっているのではない。多くの場合，構成員としての状況や社会文化的な特異性をもつ集団として定義づけられるが，現実のマイノリティのなかでは，集団としての規則や特異性をもつより，劣悪な社会的地位や佐部地・偏見によって分散されていることが多い。それにもかかわらず，このようなマイノリティには共通的な特徴があるが，彼らがマジョリティによって明確に容赦なく差別されることである。これに対抗するために，マイノリティに集団としての意識や組織の構築を求めるのは至難の業である。むしろ，今後のマイノリティの人権を擁護するためには，マジョ

リティ側のマイノリティ当事者性の理解である。このような理由が複層的に重なり，社会的マイノリティに対する人権侵害が発生する。次に，このような傾向について事例を通じて考察する。

（5）事例から性的マイノリティの人権擁護の検証

2015（平成27）年4月，Ｉ法科大学院の男子学生Ａさんが同級の男子学生Ｂさんに対し，SNSで恋愛感情を告白した。その後Ｂさんは友人たちが見ているSNSグループに「お前がゲイであることを隠していられない。ごめん（Ａの実名）」と投稿し，許可を得ることなくＡさんが同性愛者であることを第三者に暴露した。

その後Ａさんは，授業でＢさんと同席するとパニック障害の発作を起こすなど，心身に変調をきたし心療内科を受診したところ不安神経症と診断された。この間Ａさんは，教授や，大学の相談室に相談をしたものの，大学はＡさんの状態を把握していたうえで，特に対策を講じなかった。そして授業中にＡさんはパニック発作を起こし，大学の保健センターで投薬などの処置を受けた後に保健センターを出て，大学構内で投身自殺を図った。この事件は，自らの性のアイデンティティが社会的に勝手に暴露（アウティング）されることで，深い傷を受けるかを問う契機となった。その結果として，2016（平成28）年，東京都国立市で全国初の性的志向，条例施行がなされた。性的マイノリティの性自認や性的指向などを，第三者が勝手に暴露することを禁じる条例が「国立市女性と男性及び多様な性の平等参画を推進する条例」が設けられた。この「国立市女性と男性及び多様な性の平等参画を推進する条例」は，性的指向や性自認などを理由にした差別の禁止を定めたほか，「公表の自由が個人の権利として保障される」とした。そのうえで第三者による暴露だけでなく，本人の公表意思を親族らが阻む行為も禁止した。

3　その他のマイノリティの人権擁護

今日の社会的マイノリティとは，人びとが生活している社会における権力関

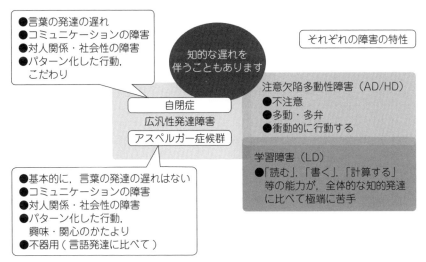

図 11-4　厚生労働省「発達障害の理解のために」

出所）厚生労働省ホームページ　https://www.mhlw.go.jp/seisaku/17.html

係において，少数派に位置する者の立場やその集団を意味する。外国人や障害者等が上げられるが，多数派との境界は明確でない場合も多い。たとえば，近年，その存在が取り上げられることが多い発達障がいの人たちについて，教育，就労，さらには人間関係のあり方などが取り上げられることが多い。発達障害の定義について，厚生労働省は図 11-4 のように示している。

　このような障害の定義については，身体障害者なら身体障害者福祉法，知的障害者なら知的障害者福祉法，精神障害者には精神障害者精神保健福祉法によって障害が定義化され，障害手帳所持の有無が，健常者と障害者の違いを明確化させることになっている。このことから，視覚的に明らかに障害が認識できる場合と発達障害のように表面から認識しにくい障害で受ける第一次的な差別は異なる。しかし，このようなわかりやすい健常・障害という境界を，発達障がいという新たな障害概念が変化させ，わかりにくい障害も時間の経過で障がいとして認められることになりつつある。

　出口（2017）は，マイノリティに対するマジョリティの差別・偏見が生じる要因について，「非当事者の無知」を挙げ，表 11-3 のような分類から，マジョリティに対して，自らの立ち位置から，マイノリティの当事者性への気づき

表 11-3　差別の問題に絡みやすい 7 つのアイデンティティ

アイデンティティ	マジョリティ	マイノリティ
人種・民族	（米国内の場合）白人， （日本国内の場合）日本人	（米国内の場合）非白人， （日本国内の場合）外国人， 在日コリアン，アイヌ等
出生時に割り当てられた性別	男性	女性
性的志向	ヘテロセクシャル	レズビアン，ゲイ，バイセクシュアル，アセクシュアル等
性自認	シスジェンダー	トランスジェンダー，エックスジェンダー等
学歴	高学歴	低学歴
社会的階級	高所得	低所得
身体・精神	健常者	障害者

出所）こここホームページ　https://co-coco.jp/series/study/makiko_deguchi/）

を重視している。

　私たちが知っておくべきことは，すべてのマイノリティが連帯意識をもっているのではないということである。多くの場合，当事者としての資格にかかわる規則や文化的な特異性をもつ集団として定義されるが，現実のマイノリティのなかでは，集団としての規則や特異性をもつより，劣悪な地位，もしくは羞恥心によって個別的に分散されていることが多い。それにもかかわらず，このような抑圧されるマイノリティには共通的な特徴があるが，それは彼らがマジョリティによって明確に，または暗黙的に差別されると感じるということである。これに対抗するための集団意識を屈されたマイノリティに求めるのは困難である。求められるのは，マジョリティ側が自らの特権とマイノリティに対する当事者性を理解することである。

学習課題

1．マジョリティ，マイノリティ双方の立場になり，その優位性と劣位性について考え，現在の自分の生活において，どのような権利（教育，就労，結婚等）が侵害されるのかをまとめてみましょう。

2．性マイノリティに対する理解と差別・偏見が自分の周囲において，どのような状況を生み出しているかを考えてみましょう。

引用・参考文献

宇野邦一・野谷文昭編（2001）『マイノリティは想像する』せりか書房.

桐原奈津・坂西友秀（2003）「セクシャル・マイノリティとカミングアウト」『埼玉大学紀要　教育学部（教育科学）』52(2)：121-141.

出口真紀子（2017）『真のダイバーシティをめざして——特権に無自覚なマジョリティのための社会的公正教育』上智大学出版.

野波寛（2001）「マジョリティとマイノリティが個人の意思決定に及ぼす影響——態度と行動の乖離を導入した予測モデル」『関西学院大学社会学部紀要』89：149.

ペギー・マッキントッシュ，マイカ・キリアン訳（1988）『白人特権——目に見えないリュックサックの中身を出そう』mirai.

幼児期のジェンダーガイドブック制作プロジェクト（2019）「"その人らしさ"を応援できる社会のために～幼児期のジェンダーガイドブック～幼児期のジェンダーガイドブック」（http://teamsustainability.net/files/gender-guidebook-childhood.pdf）

和田実（1996）「青年の同性愛に対する態度——性および性役割同一性による差異」『社会心理学研究』12：9-19.

（佐々木勝一）

第12章

さまざまなハラスメント

　「ハラスメント」というと「セクハラ」「パワハラ」が有名で，なんとなく感じはわかるが，細かいことをうるさく言うなあと感じている人もいるのではないか。また「人権」というようなこととは別で，もう少し軽い感じと思っている人が多いのではないかと思われる。
　そこで本章では，ハラスメントとは何か，どうしてこういうことを言うようになってきたのか，軽いことなのか，人権とどういう関係にあるのか，ハラスメント概念を理解するときに注意すべきことなどを整理する。また，ハラスメントの状況に自分個人は何ができるのかも考えていただきたいので，「３つの道」「間接介入」というものを提示して，普通の自分にもできることを具体的に知るという学びを提示する。

1　ハラスメントの概念とその意義

（1）ハラスメントとは

　「人権」を考えるとき，現代ではハラスメントについても知っておき，その関連で「ハラスメントという人権侵害をしない」と認識することも大切である。従来の「人権を語る場」ではあまり扱ってこなかったようなことも，セクシャル・ハラスメントという概念が出て以降，さまざまな「ハラスメント」という言葉がついた問題が出てきて，その問題が可視化されてきた。
　「ハラスメント（Harassment）」とは，「いろいろな場面での嫌がらせ，いじめ」「相手を不快にさせ，尊厳を傷つけたり，不利益を与えたり，脅威を与えるもの」などと通常，説明されている。だがこれがカタカナ語として広まっているのは，その概念や使用が欧米圏から来たことに加えて，従来の日本語では

うまくその範囲やニュアンスを伝えられないからである。だがそのことは，「嫌がらせ」というひとつの訳語の程度とおもって，暴力や人権侵害などより“軽いもの”とみていいことを意味しない。問題として十分とらえられていなかったものを問題だと認識できるようになったために，あえてハラスメントという言葉でその射程を広げてある領域の問題をつかみ取ったということである。

　ハラスメントの定義の一つとして，かたい言葉では「地位や権力などを用いた強制力の行使」といえるが，砕いていえば「何事かを無理強いしたりいじめたり苦しめるような，さまざまな“広義の人権侵害”」のことであるといえる。新しい領域に使われ，広がってきた概念である。現状の法律は現実の諸問題を十分広くとらえていない。そこで，法的には違法とまでは明確にされていないが，問題がある領域の言動，グレーゾーンまで対象としているので，法的に違法なものだけではなく，言葉，感情，心理，行動などによる広い「攻撃的・暴力的なもの」にハラスメントという名称を使っている状況である。

　もともとは英語圏で使われてきた言葉であるが，日本語として「セクハラ」が1988年ごろ導入されて以降，日本社会で独特に使われてきているといえる。

（2）多様なハラスメント

　具体的には，表12-1のようなさまざまなハラスメントがある。これ以外にも，いまだ定着していないようなさまざまな「○○ハラスメント」といわれるものが日本では生まれている。

2　理解のポイントと背景

（1）ハラスメント理解における注意点：判断基準と軽視問題

　こうして名前がつくことで，問題として明確化され前進した面がある一方，何にでも安易に「ハラスメント」という言葉が使われている面もある。たとえば，「家事ハラスメント」はその使い方が多様であり，本当に人権侵害的なハラスメントとして問題にすべきことではないことにも悪用されている面もある。真に被害を受けている弱者の側の主張が正当かどうかを見極めることも今後は

表12-1 さまざまなハラスメント

- ◆セクシャル・ハラスメント：職場や学校，その他あらゆる場所で，被害者が苦しんだり不利益を被るような性的言動。
- ◆パワーハラスメント（パワハラ）：職場・学校での上下関係など力による嫌がらせ，過度（あるいは過小）な仕事の押し付けなど。業務の適正な範囲を越えて，身体的・精神的苦痛を与えること。
- ◆アカデミック・ハラスメント（アカハラ）：大学など研究教育機関における研究教育上の嫌がらせ。
- ◆モラル・ハラスメント（モラハラ）：精神的な嫌がらせ全般に使われるが，特に夫婦間での精神的なDVのことを言う場合が多い。
- ◆マタニティ・ハラスメント（マタハラ）：働く女性（時には男性も）が妊娠・出産・育休取得・子育て等にあたって職場で受ける精神的・肉体的な嫌がらせ，不利益，いじめ。たとえば同僚が「あなたの妊娠によって，あなたの仕事をカバーしなければならなくなった」ということや上司が「妊娠？　じゃあ，辞めるよね」「つわりを理由に有給休暇などとるのはダメ」などというようなこと。
- ◆ジェンダー・ハラスメント：お茶くみをさせる等女性役割・男性役割などを押し付けることで苦痛を与えるもの。
- ◆ドクター・ハラスメント：医者による看護師や患者に対しての圧力，パワハラ
- ◆アルコール・ハラスメント：飲み会で一気飲みを強要するなどのアルコールにかかわる強圧的な言動。
- ◆スモーク・ハラスメント：たばこの煙などで苦しめられること。
- ◆家事ハラ：女性に家事を押し付けることを指す場合もあれば，男性が家事をしても批判されるようなことをいう場合もある。
- ◆スメル・ハラスメント：体臭などで誰かが苦しんでいるようなこと。体臭自体で当事者がいやがらせを受けることもあれば，周りの人が我慢して苦しむような場合に使われることもある。
- ◆エイジ・ハラスメント：年齢による差別，嫌がらせ。
- ◆スクール・セクハラ：学校におけるセクハラ。
- ◆スポーツの場でのセクハラ：スポーツ指導者による性暴力・性的ハラスメント
- ◆オワハラ：「就活終われハラスメント」の略で，企業が就職活動中の学生に対し，「内定を出すから他の企業は断れ」と要求する事。採用側という強い立場を使い，就職活動生に義務のないことを要求する行為。
- ◆カスタマー・ハラスメント：顧客による暴言や無理な要求。
- ◆マリッジ・ハラスメント（マリハラ）：いつ結婚するんだ，早く結婚しろ等，結婚にかかわる嫌がらせ。
- ◆マイノリティ・ハラスメント：障がい者やLGBTQや少数民族，在日外国人などへの差別，ヘイト言動，いじめなど。
- ◆SOGIハラスメント：LGBTQであるかどうかに関係なく，すべての人がもつ性別・性自認や性的指向に関わる概念であるSOGIをめぐる差別や嫌がらせのこと。SOGI（性自認や性指向）を勝手に公表する「アウティング」やSOGIを笑いのネタにしたり，蔑称を使ったりすることなど。
- ◆票ハラスメント：政治家が活動に際していろいろ嫌なことや妨害をされるが，票を考えると問題にしにくいというようなこと。特に女性議員の，選挙活動の際に不必要に身体に触られ，しつこくプライベートのことを聞かれ，飲みに誘われる，性的デマを流されるなど。

必要であろう。

　そこでハラスメントをめぐる判断基準ということについて，セクハラを念頭に整理しておこう。加害者が，冗談だったとか，そんなつもりはなかったとか，過敏に考えすぎだなどということ自体，この問題に無理解であることを示している。加害者の主観（意図）ではなく，被害者が傷ついたか，苦しんだかどうかが重要である。加えてハラスメント行為の被害程度や頻度，文脈，両者の力関係，社会平均的な感覚も含めて総合的に判断することが必要である。

　次に，「嫌がらせ」という語感からハラスメントといわれていることを軽視する点について整理しておきたい（職場を念頭に記述するが学校等でも同じ）。セクハラ被害者は，精神的に苦しむだけでなく，働きにくくなること，および時には安全に働く権利が侵害されたり，退職に追い込まれたり，精神疾患になったりする場合がある。そこで働いている他の労働者にとっても働きにくい職場ということにもなる。セクハラの場合，加害者を放置していた会社は，その不法行為に対して，使用者として不法行為責任を負う。つまり軽くみていい問題ではないということである。

　セクハラは，直接的には男女雇用機会均等法11条違反であるが，両性の平等（憲法14条，24条）に反するものであり，女性〔時には男性〕が安全な環境で働く権利をも侵害する行為といえる。また，被害者の名誉や名誉感情，プライバシー，性的自由，性的自己決定権等の人格権を侵害し，個人としての尊厳を否定する行為ともいえる。

（2）ハラスメントのない環境を作ることが組織の責任

　「何でもハラスメントというな」というような反発も多いので，ハラスメントに対しては，正しく理解を深めることが重要である。上記した「被害程度や頻度，文脈，両者の力関係，社会平均的な感覚も含めて総合的に判断すること」に加えて，環境型のような事への正しい理解も必要である。つまり要求に応じないと不利益を被らせるぞ（仕事が欲しいならセックスさせろ，デートを断ると降格させる等）という「対価型のセクハラ」もあるが，広く存在しているのに理解されていないことが多いのは「環境型のセクハラ」である。その行

為がなされること（あるいはその状況の放置）で，働きづらい環境が作られる行為の総称である。たとえば，職場で性的な発言や質問をする，性的なうわさを流す，性的冗談の発言をする，性的な記事の出ているスポーツ新聞を広げる，相手の体をなめまわすように見る，お茶汲みや雑務や飲み会でのお酌など性役割を女性に当然のように求めてくる，恋人がいるかどうか聞く，体やセクシーさをほめる，といったことである。このように広くセクハラを理解し，知らぬ間に従来の意識でやってしまうことを予防し，相手への悪影響を学び，セクハラにならない言動を学び，職場の常識を変えていくこと，環境を整備することが必要なのである。

　こうしたセクハラの状況を学んで，他のハラスメントも，軽視していいものでも「狭い範囲」だけでもなく，それはさまざまな権利を侵害する可能性のある問題行動だと認識する人が増えていくことが重要であろう。

　なお，セクハラやマタハラやパワハラは，法律整備とも関連して，事業主に対し，就業規則などでセクハラ等を許さない姿勢を明確化すること，その周知・啓発を図ること，従業員研修・講習の実施，相談・苦情窓口の明確化，加害者処分や配置転換などの迅速で適切な対応（懲戒），相談者や行為者などのプライバシーの保護，相談したことで不利にならないことの周知，などの「雇用管理上必要な措置」を義務付ける方向で対策が強化されてきている。ほかのハラスメントもこうした動きに準じて対応が整備されていくべきであろう。

（3）ハラスメント概念の広がりの背景：被害者が声を上げてきた結果

　第1節では，従来の人権概念だけではとらえきれない広い範囲の暴力的なことを捕まえるためにハラスメントという言葉が広く使われるようになってきたと述べたが，ここでは背景として，当事者たちの告発や社会運動の影響を踏まえて社会の認識の広がりが関係しているという点も指摘しておきたい。

　社会全体で人権意識が弱く，従来の認識の枠で思考停止し，人権という言葉に手あかがついていた状況があった。その状況が反映して，たとえば普通の会社で特に問題と思われていなかった性的な言動があった。また労働運動や社会運動をしている人のなかでも，ジェンダーの面の意識が低くて，性的な言動の

影響を軽視していたようなことがあった。それにたいして，一部女性たちがそれはおかしい，冗談だとか，職場の円滑な会話のためには必要な潤滑油とか，うまく受け流して対応していくのが大人の対応だとか，単なる男女の恋愛ごとだというような考えを変えていくべきだと主張していき，セクハラという概念が成立してきたのである。我慢して甘んじて従来の状況を放置することは，ジェンダーのおかしな状況を温存することだと気づいた者たちが，これは人権問題として可視化し変えていかねばならないと思って，セクハラという言葉を当てていったのである。

　性的マイノリティの人へのかかわり方も，多数派はどのような問題があるかを認識していなかったが，LGBTQなどの当事者たちが声をあげていき，性的マイノリティに対するハラスメントがあることを顕在化させてきた。多くの人が，自分の友だちやクラスメイト，家族や親戚，教師や同僚には異性愛者など性的多数派しかいないと思い込み，いわゆる「普通の男や女」などのイメージ・性役割から外れた振る舞いや言葉遣いをした人に対して，「ホモネタ」や「オカマネタ」で笑ったり，からかったり，仲間はずれにしたり，イジメたりすること，「恋人できた？」「結婚しないの？」「男のくせにキモイ」「あっちの人」などといっている状況を，それは問題なのだと示してきたのである。

　たとえば，最近の一例だが，2021（令和3）年6月，戸籍上で同性のパートナーとの内縁関係を認めず，扶養手当などを支給しなかったのは憲法が保障する「法の下の平等」に反するとして，元北海道職員の「女性」が，道と地方職員共済組合に対し，手当相当額など計483万円の損害賠償の支払いを求める訴えを札幌地裁に起こしたが，その主張として「性的指向によるハラスメントだ」と訴えている。本人は自身の性については「男ではなく女ともいえない」と自認しており，同居して「主婦」をしていた女性のパートナーについて，扶養手当の支給と寒冷地手当の増額を求めたところ，通常では内縁関係の相手も扶養親族に含まれ手当の支給対象となるのに，自分の場合支払われなかったことをおかしいと訴えたのである。

　ハラスメントという概念は，こうして，当事者の訴えを受けて広がってきたのであり，それは人権というものが歴史的に戦いによって勝ち取られてきたこ

とと符合する。つまり，人権とハラスメントを別物ととらえるのではなく，時代の変遷によって人権概念が発展していく過渡期の表現として，ハラスメントという言葉が必然的に生まれてきたといえるのである。

（4）強者・多数派の常識が見直されて判断基準が変化

　また，従来，それが問題とされにくかったなかで徐々に問題とされてきたということは，判断基準が変わってきたことの反映ということもできる。「ジェンダーやセクシャリティにおいて多数派のあり方しかない」「タバコは吸って当然」「年上，上司，男・先生ならこういう言い方やこういう振る舞いをして当然」「結婚はして当然，結婚し子どもがいることが幸せの必要条件」「話題の選び方やコミュニケーションとして外見や性役割や美醜や恋人の有無や結婚しているかを話題にしていい」「女性は若くて女性らしくきれいなのがいい，褒めるのは外見」「男は男らしく，スポーツができたり堂々として強いのがいい」「酒の席では酒を飲むべき」「女性は子どもができたら育児に専念するために退職するもので職場に迷惑かけてはダメ」「年取った人をおじさん・おばさん扱いし，衰えた人として低く扱ってもいい」「客は神様で金を出しているので店員に暴言や無理な要求してもいい」「日本は島国で単一民族・日本人しかいない」「外国人はよそ者なので虐めたり仲間外れにしてもよい」「タバコは好きな時に吸っていい」，といったような常識＝基準であったのだが，それが変化し当然ではなくなりつつあるのである。

　新しい基準は，従来の常識を覆し，「性的少数者もいる」「ジェンダーやセクシャリティは多様で，結婚したり子どもをもつのが当然ではない」「外見やパートナー関係，性関係の有無，などはプライバシーであり，聞かれたり言われるといやな人もいるので安易に話題にしてはならない」「上司や男性が怒鳴ったり偉そうに言ったり叱責するのは当然ではない」「妊娠や出産に配慮せず嫌がらせ発言を言ったり，過重な仕事をさせたり育休をとらせなかったり，仕事を与えず退職に追い込むなどをしてはならない」「年齢を聞いたりそれによって扱いを低くしたりするのはダメ」「外国人や障害者がいても仲間はずれや差別をしてはダメ」といったものであろう。つまり一言でいえば一人ひとりの差

異を平等的に大切にし，基本は個人であるというシングル単位の感覚をベースにし，多様な人が共存していて当然というダイバーシティということを基準にしてきているということである。さまざまな従来の基準による不都合や排除や差別，不利益，いやなおもいを問題にして変化してきたのである。こうして，「職場の潤滑油」とされた性的からかいはセクハラ・SOGIハラに，「夫婦間のもめごと・痴話げんか」はDVとなった。

　それは，《いい会社にいってお金をたくさん稼ぐ，立派な人間になるべき，そしていい人と結婚して子どもをもち，いい家庭を築くこと，家を買い，いい服を着ておいしいものを食べるのが人生の目標，だからまずいい学校，学歴をつけるように，そして世間から嫌われないよう，皆に好かれるよう，普通の人間としてふるまうのがいい，といった生き方を基準に，それを当然のコースとして他者に押し付けるようなこと》が，自分の価値感を押し付け，相手の自由・自己決定を尊重していないことになりつつあるという時代の変化のなかで，ハラスメントだとか暴力【DV，虐待，行き過ぎた指導】という言葉が新しい力を得てきたということなのである。

　政府も，こうした意識変化を受けて，法律を改正しつつある。たとえば，2020年6月施行の「改正労働施策総合推進法」（パワハラ防止法）は，パワハラの規制を具体化したのみならず，その指針に「性的指向・性自認に関する侮辱的な言動」や「当事者の了解を得ずに性的き指向・性自認などについて他の労働者に暴露する」などの行為——つまりSOGIハラ——もパワハラにあたると明記し，企業側に防止措置を義務づけた。

3　ハラスメントの加害者・被害者にならないために
——「間接介入」の学びという提起

　第2節で述べたように，日本社会では人権意識が低いために多様な人権侵害が放置されてきた。したがって社会全体でハラスメントに対しても認識を高め，学校内での教育，社会人教育，職場での研修などの充実が必要である。被害者も加害者も作らないようにしていく必要がある。ヘイトスピーチやパワハラ，

セクハラ，マタハラなどを禁じる法的・制度的整備も必要であろう。裁判で適切な判断による凡例が積み重ねられていくことも重要である。

　だが本章で特に強調したいのは，そうした「上からの改革」を待っているだけではだめだということである。ふつうの一人一人が各々の現場で，どういう態度をとるかが日々問われている。そこを意識して，ハラスメントや暴力，人権侵害に加担しないようになっていくことが必要であり，各々の現場からの闘いの積み重ねの上でしか政治（法律や制度）は変わらないと知るべきである。

（1）欠けている「闘う主体」になる教育

　日本社会で欠けているのは，何か問題があるならば当事者が声をあげて適切な対応をとるような「ものいう主体，闘う主体」になることが民主主義には必要だという意識，人権は闘ってこそ獲得できたり守れたりするという意識である。文句を言っても無駄だとか，反撃されるのが怖いので何も言わないでおこう等と思っている人が多いので，闘いかたの教育（闘う先人たちのモデルを見ること）が必要だが，そうしたことが大きく欠如している。

　ここでは簡単に記すが，「身を守るノウハウ教育」として大事なのは，実際的に有効な相談先を知っていること，証拠をとること，そのうえで専門的な知識のある人の力を借りて交渉すること，うまく行かない場合の次の手も知ることなどである。たとえば職場でのこと（労働関係）なら「一人でも入れる個人加盟型ユニオン」をつかって相談・交渉できることを知っていることが肝要である。労基署や労働局や弁護士に相談すればいいなどというのは実際的には役立たないことが多いと知っているかどうかは大きい。

（2）ハラスメントを見たときにどうかかわるかの実践

　では，個人がハラスメントに加担しないで，人権を守るような行動としてどういうことが実際にできるのか。それを具体的に学ぶことこそ大事である。だが現実は，ハラスメントなどの人権侵害的なことがあった場合に，その状況に抵抗できず，無批判に従属する人，傍観者になる人が多いという現状である。そこで以下，セクハラを見たときにどういう対応をとりうるのかを学ぶことで，

表 12 - 2　無介入，直接介入，間接介入

無介入（セクハラ加担）の例……事実上の加担 後で自分に攻撃が来ることを恐れてセクハラを見ても何もしない。傍観者になる。誰かが止めるだろうと思い，自分は何も行動を起こさない。被害者が助けを求める視線を送ってきても，申し訳ない気持ちがありつつも，目が合っていないふりをする。 ひどい場合は，セクハラを見て笑ったり，同調する。
直接介入の例 「今のはセクハラです」と言ってその場でセクハラ行為をした人に言う。すぐに止める。謝らせる。すぐに録音し，証拠をとりましたという。 会社（上司，相談窓口，人事）や裁判所，役所など公的な場所に訴えていく，メディアなどに告発するなど。
間接介入の例 （目の前でセクハラ的行為がある，あったという場合） ●自分で誰かセクハラ対応力がある人を探して，相談し，そのひとにセクハラ対応をしてもらう。引き継ぐ。 ●セクハラ被害者の相談にのる。一緒に記録を作る。そして一緒に相談先に行く（職場関係の場合，個人加盟ユニオンが一番実践的でよい）。場合によっては，信頼できる人，警察，行政関係，弁護士などのところに一緒に相談にいく。労働局等はそのあとの一つの選択肢。 ●被害者の希望で，気持ちを聞くだけで終わる場合もある。その場合も共感的に聴く。被害者とともに，その人なりの解決策を一緒に考える。 ●次回同じ様なシチュエーションの時に何をなしうるかを被害者と一緒に考えたり，相談にいって聞いて決めていく。 ●近くの人に小さな声で「これってセクハラだよね」と言う。 ●近くの人に，「誰か呼んできて」と言ってしっかりした人，頼りになる人を呼んできてもらう。あるいは自分で呼びに行く。 ●誰か証人になるとか，目撃者を増やすように，ほかの人を呼んでくる。 ●証拠を残す。ひっそりと録音する／映像を撮る。メモをとる。 ●その場を離れた後すぐに，記憶でセクハラ状況のメモを作る。 ●周りの人と一緒に，少しセクハラ状況を変えるように，正面からセクハラだと批判するのではなく，ずらす，ごまかす，冗談のように「奥さんが嫉妬しますよ」とか「ちょっとやりすぎですよー」とか「それを僕がやったら殴られますよー」とかへらへらと言う。 ●何か別の話を被害者あるいは加害者に話しかけて，セクハラ状況を変える。加害者と被害者の間に物理的に入っていく。そして「お酒くださーい」とか，まったく違う話をするとか，急に歌いだすとか，意表を突いた行動をとる。その中に，加害者にお酒をつぐとか，コーヒーをいれるとか，お酒をこぼして素っ頓狂な声で謝るとか，テレビをつけるとか，サッカーの話をしだすとかトイレに誘うとか，もある。 ●被害者に飲み会中や飲み会後に「大丈夫？」と LINE を送る。 ●そっと電話をして，どうしたらいいかを誰かに相談する。 ●「不愉快なので帰ります」という。何人かに「帰ろうや」と誘ってこの場が不愉快ということを間接的に伝える。 ●あるいはそこまで言えないので「あの，ちょっと，なんかしんどい感じなので，帰りますけど，〇〇（被害者）さんも帰りません？」と言う。 ●その場にいる人（加害者や被害者含む）に聞こえるように，「違うかもしれないけど，これってビミョーにセクハラっぽいような感じもしますけど…ね違うとは思うんですけど。私，そのあたり詳しい人を知っているので，相談してみようと思うんですけど。会社の人事にも聞いてみようかな」という。 ●「さあさあ，仕事しましょう」「さあさあ，食べましょう，乾杯しましょう」と言う。 ●「おまえもやれよ」とすすめられても，「やりたくない」と，嫌だという意思を伝える。 ●周囲の人に「面白いね」と言われても，「でも本人はいやがっているんじゃないかな」と周りの意見に合わせずに発言する。

いざというときに動けるように準備する学習の一部を紹介しておく。

　ここでは無介入に対して，直接介入だけでなく，間接介入というやり方もあるということを学ぶ。それによって，特別に強い人でなくてもできることはあるのだとわかり，無介入，傍観者にならないことができるようになる。

　間接介入とは，自分は直接介入しないが他の人の力を動員することで介入するというものである。この間接介入にはいろいろなものがあり，これをすることは「普通の人」にでも現実的に可能である。

　沈黙，何もしない，見て見ぬふりは，「中立」であって責任はないと思う人がいるがそうではない。それはセクハラがある状況をそのままにして被害者を助けないという意味で，加担しているのである。そのことを明確化したうえで，「普通のあなた」にもできることがあると伝えていく教育が必要である。

（3）学んだ学生の感想

　こうした学びを通じて，ある学生は次のような感想を書いた。

　　私が働いているアルバイト先は，店長さんと社員さんが絶対権力者で，2人の機嫌が悪いと少しのミスでもお客の前で怒鳴られてしまう。その日は一日中びくびくして働かねばならず，トイレで泣いていた。社会ってこんなもの，我慢しないといけないと思っていたが，講義を聞いて何かしてもいいのかな，何ができるか考えたいなと思った。

　また別の学生はセクハラに加担する，傍観者になる，介入的になる（非協力，抵抗）の3つの道を考える学びについて次のように語った。

　　私が今，セクハラの場にいたとしたら，間接介入的な何らかの出来ることをする。しかし，この講義をとる前の私なら，傍観者・無介入のスタンスでいただろうと思う。セクハラはだめと思えるのに，なぜ傍観者の対応をしてしまうのか。その原因として，3つあると考える。
　　一つ目は，周囲の人との人間関係である。自分がかわいいので，批判的

なことを言って今後その人と付き合いづらくなってしまうかもと考えて黙ってしまう。二つ目は，どういうことが具体的にセクハラに当たるのかを多くの人が理解できていないためである。これまで学校教育のなかでセクハラに関する学びを受けた記憶はない。どういうことがセクハラに当たるのか，された側はどれだけ傷を負うことになるのか，など学校でしっかり教育するべきだと思った。テレビなどでもセクハラ的なことが許されている。3つ目は，自分にできるような間接介入の仕方など知らないからである。自分が動けなかった・何も行動しなかったという後悔より，何かアクションを起こしたうえでする後悔の方が絶対に良いと思うので，今後は傍観者をやめて動きたいと思う。間接的な介入でも自分にできることを行動に移すべきだと思った。

4　ハラスメント概念を使いこなせるようになる

（1）加害者になりうる人が押さえておくべき点

　以上，ハラスメントの意味や種類や背景，判断基準，注意点，そしてハラスメントに対して各個人が声をあげて闘っていくことの重要性，周りの人が傍観者にならないことの重要性などを確認してきた。

　ハラスメントかどうかの意識も変化してきているし，各人の感覚が違うのは当然なので，加害者になりうる人は，自分の旧来の基準でこれくらいいいだろうと思うのではなく，相手が嫌そうだったらそれ以上はしないようにすることと，「嫌そう」ということを敏感に感じとる感性をもつことが重要である。

　そのためにもまずは，ハラスメントや人権というものを最新レベルで学びつづけ，とくにグレーゾーンの程度の軽いものに対してもその問題性を自覚し，加害をしない人になろうと意識し続けることである。「自分はそんなつもりはなかった」ということを言わないようにすることである。加害者は，指摘されたら，素直にすぐに謝り，問題点について学び，二度としないように気を付けていくようにする必要がある。また特定個人だけの問題ではないので，学校での予防教育および職場など全体での研修を続けることも有益である。

（2）被害者ができることは

　被害者は，まずハラスメント，暴力などについての知識を得ること，おかしいなと思ったらネットで調べたり，誰かに相談することが大切である。人権意識，暴力に敏感になり，「おかしいな」とおもう自分の直感を信じ，ひとりで我慢せずに調べていって，これは社会的に問題になっているハラスメントや人権侵害や暴力の一つなんだ，怒ってもいいのだと理解することが出発点である。自分が被害者であると認識し，被害者が悪いのではない，おかしなことには異議を申し立ててもいいのだと理解する。

　そのなかで，多様な対応策があることを知り，どうするか自分で選択し決めていけばよい。相談しつつ自分の希望を明確にしていく。支援者とつながって，非暴力的な闘い方・対処策を学び，したいことを実行していけばよい。

　たとえば「セクハラ防止のために事業主が構ずべき措置」は義務なので，それをしていない会社にはそれらの対処を求めていけるし，行政にも訴えていける（調停などの利用）。再発がない安心できる環境にするとか，謝罪，処罰を求めるとか，相手を職場や学校から追い出す，会わないように調整する等を求めていけばよい。だが現実には十分に対応してくれないことも多いので，被害者を支援する民間 NPO やユニオンや弁護士などに相談することが実際的には重要である。行政に訴えにいくときには，こうした問題に詳しい人が同伴することが有効である。行政の対応がひどい場合，ネット利用やメディアに訴えるという手もある。

（3）人権概念とハラスメント

　人権侵害はダメとは誰もが言う。だが，楽しい雰囲気にするために金メダルをかむという「冗談」をした政治家が批判されたが，この種のことはよくあるのではないか。今まで皆が苦笑いして容認してきたことがいろいろあったのではないか。

　たとえば表 12-3 のようなことは，だめなこととあなたは明確に言えるだろうか。

　今後も，さまざまなことが「ハラスメント」という言葉をつけられて語られ

表12-3　日常にみられるハラスメント的なこと

- 軽く恋人がいるのとか聞いて場を柔らかくすること
- 言葉で少し性的な冗談を言って場を明るくすること
- 大学の先生が学生（院生）にデートに何度も誘うこと
- やる気のない人に対して，声をあらげて指導すること
- 先生が教育上のことで『お前はほんとにダメなやつだ。そんなことでは社会人としてやっていけない！』とみんなの前で叱責すること
- 数人の学生が仲間内だけでクラスや知人の美女・イケメンランキングを作って遊ぶこと
- いろいろ聞いたり，体にそれとなくさわるのも，明確な拒否がないからいいとおもったということ
- 恋人だから相手の間違いは教えてあげるべきという考え

るであろう。だがそれをたんなる社会の流行語的な扱い（建前的な理解）にとどめず，自分が日常生活を過ごしていくうえで，生活の質を向上させる手段として使いこなすことが大切である。まずはセクハラやDVについて詳しく学び，身体をさわるとかたたくというわかりやすい暴力だけでなく，精神的なことや程度の軽いものも含めて「暴力」であり「ハラスメント」なのだと知って，被害者にも加害者にもならないように意識して暮らしていくことが肝要であろう。どうしてダメなことなのか深く理解することが大事である。そしてあなたが本章のセクハラへの間接的介入のようなことが実践できる人になり，そういう人が増えて職場や学校や家庭から暴力が減っていくようになっていくことが希望である。

学習課題

1．最後の節の表12-3のようなことについて，どういう理由でダメと言えるだろうか。その他，身近にあるが意見が分かれるような事例を出してハラスメントとは何か，自分は加担していなかったかを議論しよう。
2．会社（学校）で被害者がセクハラ被害を訴えたが，明確な物的証拠がなく，加害者という人が否認しているとき，会社（学校）や友人としてはそれ以上なにもできないのはしかたがないのだろうか。何ができるか，考えよう。

（伊田広行）

第13章

人権問題を身近に考える

　読者のみなさんは「人権問題」と聞くとどのような印象をもつだろうか。また今までの学校教育の場でどのようなことを学んできただろうか。

　たとえば一般的に取り上げられている人権問題には，「部落差別問題」「外国人差別問題」「女性差別問題」「人種差別問題」「障がい者差別問題」等があるだろう。このようなさまざまな差別に関する問題について，概要を知り，歴史を学び，全体像を理解することが，その具体的学びとして考えられる。それに加えてさまざまな人権問題については，遠目で見る，あるいは「対岸の火事」のようにして理解するだけでは全く不十分であろう。また，従来からの差別問題について理解することに加え，今まで見過ごされてきた課題についてもよく目を向け，認識を深める必要もある。それは，たとえば教育や福祉，医療等の現場に携わる者だけでなく，ひろく一般市民も同様であろう。

　そこでこの章では人権教育について，また人権問題を身近に考える方法について取り上げていきたい。

1　人権教育とは

（1）子どもたちは人権教育をいかに「体験」しているか

　人権問題を身近に考えるための多くの取り組みがある。そのうちの一つとして学校現場等で実践されている人権教育がある。実際，大学生に「今までの学校教育で印象に残る人権教育を教えてください」と問うと，さまざまな事例を紹介してくれる。たとえば次のようなものである。

　　私は同和問題の講演が印象に残っています。その時は部落差別で苦労をされた当事者の方が学校にお越しくださり，実際の体験を語ってくれまし

た。このような問題を全く知らなかった当時の私としてはとても衝撃を受けたことを覚えています。それまでは祖父母が「あの地域に行ったらいろいろ怖いことがある」という，今から思えば差別的な発言を家で聞くことも正直なところありました。ですが，その講演以降，祖父母に対して「そういう認識は差別となるんだよ。何も知らないで誤解を持ったままではいけないのではないか」と言うことができました。

　中学校時代の学校の先生が被差別部落の出身の方で，普段の授業からとても熱心に教えてくれました。

　私の高校は女子高だったので，「女性差別」や「ジェンダー」，「性的マイノリティ」などの人権問題については，普段の授業でも，また特別講演でもよく取り上げられていました。そういったことから「ジェンダー」ということについては，マスコミ等での取り上げられ方について，家族ともよく話し合っています。

　私の高校には外国にルーツのある友達がたくさんいました。ですので，外国人に関連する人権問題やその課題など，一緒に考える機会がありました。それが自然なことでした。

　以上の意見を見ると，学校現場においては，非常に身近な課題として人権問題が取り上げられ，それを人権教育として展開している様子が見て取れる。

（2）人権教育とは
　人権教育について，その概要と取り組みの実際を見ていきたい。

① 人権教育とは
　ここで，人権教育とは何か確認しておきたい。人権教育を人的・財政的裏付けをもって系統的・体系的に展開できるように「人権教育及び人権啓発の推進

に関する法律」（2000（平成12）年）が定められている。この第2条には，次の
ように明記されている。

第2条　この法律において，人権教育とは，人権尊重の精神の涵養を目的とする
　　教育活動をいい，人権啓発とは，国民の間に人権尊重の理念を普及させ，及び
　　それに対する国民の理解を深めることを目的とする広報その他の啓発活動（人
　　権教育を除く。）をいう。

② 人権教育推進の流れ：人権教育のための国連10年

　そもそも人権教育の実践が広がりを見せた背景としては「人権教育のための
国連10年」がある。国際連合が「人権教育のための国連10年」を決定した理由
は，人権課題や教育に取り組む人同士のネットワークを促進することが狙いの
一つとしてあった。また，「人権教育のための国連10年（1995年〜2004年）行
動計画」によると，次の目的が挙げられている。① あらゆる段階の学校，職
業研修，および公的，非公的な学習の場において，人権教育を促進するための
ニーズを評価し，効果的な戦略を策定すること，② 国際社会，地域，国内及
び地方のレベルにおいて，人権教育のための計画と能力を形成し，強化するこ
と，③ 人権教育教材の調整のとれた開発，④ 人権教育の促進に果たすマスメ
ディアの役割と能力の強化，⑤ 世界人権宣言をできる限り多くの言語，並び
にさまざまなレベルの識字能力の人びと及び障害をもつ人びとに適するような
言語以外の形式で世界的に普及させること，の5つである。そして，各国にお
いて「人権という普遍的文化」が構築されることを目標において，人権に関す
る教育啓発活動に積極的に取り組むよう要請するものであった。

③ 日本における取り組み：「人権教育のための国連10年」に関する国内行動計
　　画

　日本においては，1997（平成9）年に「人権教育のための国連10年」に関す
る国内行動計画が策定された。「『人権教育のための国連10年』に関する国内行
動計画の推進状況」（2003（平成15）年）によると，人権教育を推進するために

具体的な取り組みが示されていている。以下，内容を引用しながら紹介する。

① 学校教育における人権教育の推進

　1998（平成10）年度に告示された学習指導要領の総則に「人権尊重の精神を具体的な生活の中に生かす」ことを掲げることを通して，学校の教育活動全体を通じて人権に配慮した教育をおこなうことを一層推進することとした，となっている。また，2000（平成12）年度からは，「人権教育に関する学習教材等の状況調査」を実施している。

② 社会教育における人権教育の推進

　公民館等の社会教育施設を中心に学級，講座の開設や交流活動などの人権に関する多様な学習機会の充実と，そのための指導者養成を図るなどの人権教育の充実に努めることとした。

③ 企業その他一般社会における人権教育等の推進

　マスメディアを利用した啓発活動や講演会，シンポジウム等の開催，ポスターの掲出等をおこなうことで一般社会に対する推進をおこなった。また企業等に対して就職の公平な採用システムの確立が図られるように指導，啓発をおこなっている。

④ 特定の職業に従事する者に対する人権教育の推進

　人権にかかわりが深い特定の職業に従事する者に対して，研修の充実を図っている。その具体的な職業とは，教員・社会教育関係職員，医療関係者，福祉関係職員，労働行政関係職員，警察職員，公務員，マスメディア関係者，その他となっている。

④ 学校現場における人権教育の実際

(1)人権教育の指導方法等の在り方について

　ここでは特に学校での人権教育を具体的に取りまとめた，「人権教育の指導方法等の在り方について」（図13-1）を見ておきたい。「人権教育の指導方法等の在り方について」の調査研究会議では「人権についての知的理解を深めるとともに人権感覚を十分に身に付けることを目指す人権教育の指導方法等の在り方を中心に検討を行ってきた」ということである。そこで「とりまとめ」を

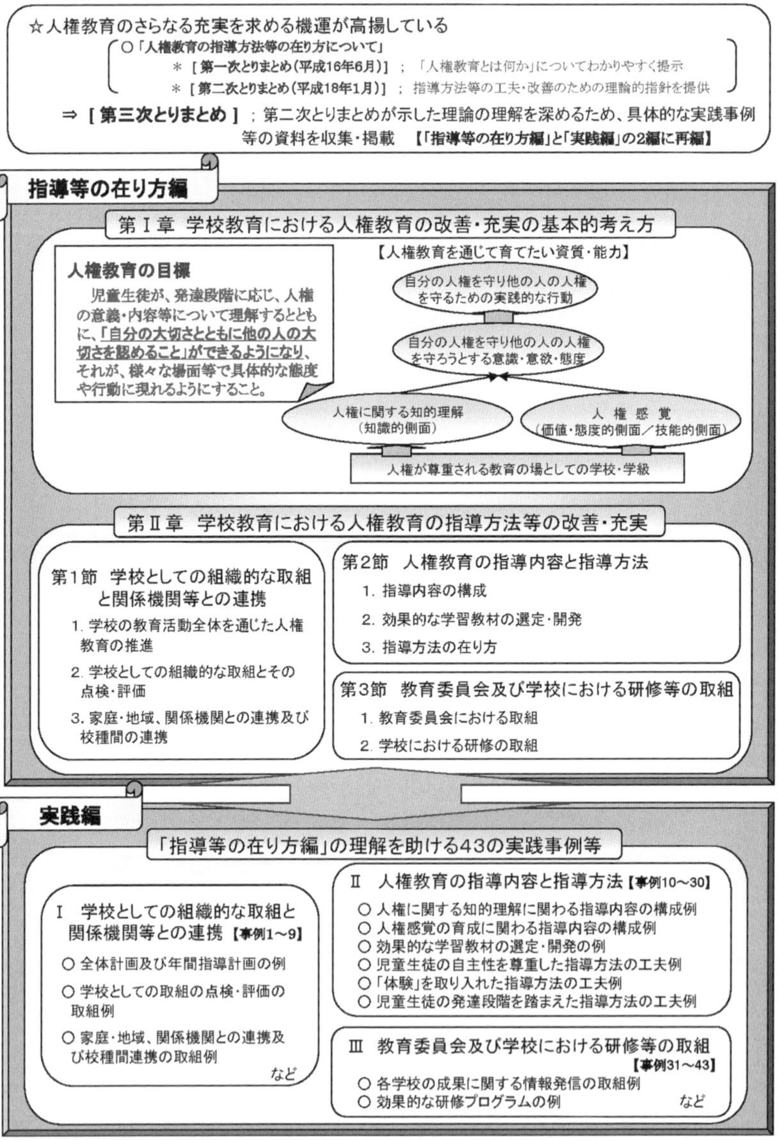

☆人権教育のさらなる充実を求める機運が高揚している

○「人権教育の指導方法等の在り方について」

* ［第一次とりまとめ（平成16年6月）］ ；「人権教育とは何か」についてわかりやすく提示
* ［第二次とりまとめ（平成18年1月）］ ；指導方法等の工夫・改善のための理論的指針を提供

⇒ ［第三次とりまとめ］ ；第二次とりまとめが示した理論の理解を深めるため、具体的な実践事例等の資料を収集・掲載 【「指導等の在り方編」と「実践編」の2編に再編】

指導等の在り方編

第Ⅰ章 学校教育における人権教育の改善・充実の基本的考え方

人権教育の目標
児童生徒が、発達段階に応じ、人権の意義・内容等について理解するとともに、「自分の大切さとともに他の人の大切さを認めること」ができるようになり、それが、様々な場面で具体的な態度や行動に現れるようにすること。

【人権教育を通じて育てたい資質・能力】

自分の人権を守り他の人の人権を守るための実践的な行動

自分の人権を守り他の人の人権を守ろうとする意識・意欲・態度

人権に関する知的理解（知識的側面）

人権感覚（価値・態度的側面／技能的側面）

人権が尊重される教育の場としての学校・学級

第Ⅱ章 学校教育における人権教育の指導方法等の改善・充実

第1節 学校としての組織的な取組と関係機関等との連携
1. 学校の教育活動全体を通じた人権教育の推進
2. 学校としての組織的な取組とその点検・評価
3. 家庭・地域、関係機関との連携及び校種間の連携

第2節 人権教育の指導内容と指導方法
1. 指導内容の構成
2. 効果的な学習教材の選定・開発
3. 指導方法の在り方

第3節 教育委員会及び学校における研修等の取組
1. 教育委員会における取組
2. 学校における研修の取組

実践編

「指導等の在り方編」の理解を助ける43の実践事例等

Ⅰ 学校としての組織的な取組と関係機関等との連携 【事例1～9】

○ 全体計画及び年間指導計画の例
○ 学校としての取組の点検・評価の取組例
○ 家庭・地域、関係機関との連携及び校種間連携の取組例
など

Ⅱ 人権教育の指導内容と指導方法 【事例10～30】

○ 人権に関する知的理解に関わる指導内容の構成例
○ 人権感覚の育成に関わる指導内容の構成例
○ 効果的な学習教材の選定・開発の例
○ 児童生徒の自主性を尊重した指導方法の工夫例
○ 「体験」を取り入れた指導方法の工夫例
○ 児童生徒の発達段階を踏まえた指導方法の工夫例

Ⅲ 教育委員会及び学校における研修等の取組 【事例31～43】

○ 各学校の成果に関する情報発信の取組例
○ 効果的な研修プログラムの例
など

図13-1 人権教育の指導方法等の在り方について（第三次とりまとめ）

出所）文部科学省ホームページ。

作成，公表をおこなっている。とりまとめにおいては，「特に，人権教育とは何かということを分かりやすく示すとともに，児童生徒はもちろんのこと教職員一人一人が人権尊重の理念を理解し，体得することが重要であることを強調した」とある。

(2)人権教育と道徳教育の整理

　冨田は，人権教育と道徳教育について，表13-1のように整理している。これを見ると，学校教育においては「道徳教育」のように「人権教育」としての独立した授業が展開されているわけではない。各授業等で取り上げる形態や，最初に見た大学生の事例のように，特別に時間枠を設けてゲストを呼んでの講演がなされることもある。さらに冨田は「人権問題を扱う教材を『特別の教科道徳』の教材として用いる方法を模索する」として次のように述べている。それはつまり，人権問題とは，差別事件や多文化教育，プライバシーの問題等，形態はさまざまであり，そのどれもが現実に起こっているものである。そしてよりよく生きていくためには考えていかなければならない事例であり，建前では済まされてないものである。そして「不当に差別をおこなってきた現実と向かい合い，なぜそれが起きたのか，今後どういう態度を持つべきかを話し合う活動を通して，誠実という道徳的価値について学ぶことができる」としている（冨田 2018）。

　また，河野辺（2020）は道徳教育と人権教育の関連性について，道徳科の教科書を分析することにより，次のことを明確にしている。

　つまり，河野辺は自身がおこなった調査結果から，人権教育と道徳教育は統合的な関係へと着実に歩みを進めている傾向にあると考察している。理由として次の2つを挙げている。1点目は，道徳科の新設により，人権課題に関連している教材が掲載されている道徳教科書を主たる教材として使用する義務が生じたことにある，としている。道徳教科書には，人権課題である「子ども」「外国人」「インターネットによる人権侵害」に関連している教材が取り上げられている，と指摘している。また，人権課題である「女性」や「高齢者」「障害者」に関連している教材が全ての道徳の教科書の会社で多数掲載されていることを確認している。このことから，道徳科の新設によって人権課題と関連性

表 13-1　人権教育と道徳教育の比較

	人権教育	道徳教育
根拠	人権尊重の精神の涵養を目的とする教育活動 （「人権教育及び人権啓発の推進に関する法律」第2条〔2000年〕） 部落差別解消に向けた教育啓発の推進（「部落差別の解消の推進に関する法律」〔2016年〕など）	特別の教科である道徳「学校教育法施行規則の一部を改正する省令」 道徳性を育成する（「学習指導要領」2015.4）
目標	人権の意義・内容や重要性について理解し，人権が尊重される社会づくりに向けた行動につながるようにすること（「人権教育の指導方法等の在り方について〔第三次とりまとめ〕」）	よりよく生きるための基盤となる道徳性を養うため道徳的諸価値についての理解を基に，自己を見つめ，物事を多角的・多面的に考え，自己の生き方についての考えを深める学習を通して，道徳的な判断力，心情，実践的意欲と態度を育てる。 （「小学校学習指導要領」）
内容	①　人権としての教育 ②　人権についての教育 ③　人権を尊重した生き方のための資質や技能を養成する教育 ④　学習者の人権を大切にした教育 （「人権教育基本方針」）	A　主として自分自身に関すること B　主として他の人とのかかわりに関すること C　主に自然や崇高なものとのかかわりに関すること D　主に集団や社会とのかかわりに関すること （「学習指導要領」）
指導の場	各教科，道徳，特別活動及び総合的な学習の時間や，教科外活動等のそれぞれの特質を踏まえつつ，教育活動全体を通じて推進。 （「人権教育の指導方法等の在り方について〔第三次とりまとめ〕」）	・特別の教科　道徳 ・学校の教育活動全体を通じて行う道徳教育の要である道徳科 （「学習指導要領」）
時間設定	固定した時間設定はないが，各校の実態や児童生徒の発達段階を踏まえ，計画的・総合的に取り組む。 （「人権教育の指導方法等の在り方について〔第三次とりまとめ〕」）	特別の教科　道徳 （年間35時間〔小1は34時間〕はもとより，各教科，外国語活動，総合的な学習の時間及び特別活動のそれぞれの特質に応じて児童の発達段階を考慮し適切に指導する。 （「小学校学習指導要領」）

出所）冨田（2018：3）。

がある道徳授業の機会が普及する傾向にあることが考察できる，としている。
2点目として，道徳教科書には，社会状況を加味しつつ，新たに生起する人権
問題に関連している教材が導入されている点にある，としている。このことに
より，「道徳教科書に新たに生起する現代的な差別や偏見に関する人権問題へ
の取組に関する教材が掲載されていることは，道徳科が社会状況を加味しなが
ら，人権教育の推進に寄与しているといえよう」と指摘している。一方で，た
とえば，人権課題「同和問題」や，「北朝鮮当局による拉致問題等」に関する
教材は，道徳教科書に掲載されていない，と指摘しており，このことから「道
徳教科書を使用すれば人権課題の全てを網羅した指導ができることにはならず，
人権教育の独自性を生かした授業実践も重要であることを留意する必要があ
る」と指摘している（河野辺 2020）。

　このことから，さまざまな教育の現場や市民が学ぶ場においては，従来から
の人権問題にかかわるテーマのみならず，新たに生起する人権問題についても
積極的に取り上げる必要がある。また，多くの人びとが興味関心をもちながら
習得できる教育や啓発活動の実施に努めることが求められるといえる。

2　人権問題を我が事として考える——木村（2021）の考察より

　木村による非常に興味深い論考がある。引用が長くなるが，木村のそれを取
り上げ，人権教育や差別問題について身近に検討する方策について考えてみた
い。木村は「他人事ではなく，我が事として人権問題を考えること」について
考察している。具体的にはまず，同和教育と人権教育の課題について検討して
いる。その結果，「普通の人々」にとって人権や差別が「他人事」になる要因
を4つ挙げている。それが次のことである（木村 2021）。

　　①「被差別の現実」を「別世界」のこととして受け止めている。

　　②「私は差別をするはずがない」という思考停止状態に陥っている。

　　③「触らぬ神に祟りなし」というような忌避意識がある。

　　④「人権侵害の被害者になる」ということが想像しにくい。

「①『被差別の現実』を『別世界』のこととして受け止めている」ことについては，被差別者の厳しい生活状況に焦点が当てられてしまい，差別行為そのものをよく理解できないままに，自分はそのような差別行為はしない，という意識をもたせることに問題がある，としている。さらに被差別の立場になくてよかった，という思いを強めることを指摘している。これについては原因と過程について焦点を当て，差別の具体的行為について十分学ぶことの必要性があるとしている。

　「②『私は差別するはずがない』という思考停止状態に陥っている」ことに対しては，佐藤（2018）の「差別行為の三者関係モデル」を学ぶことによって，「私も差別するかもしれない」と考えることができるようになると思われる，と述べている。佐藤は，差別行為をモデル化し，「差別者」（差別行為をする人），「被差別者」（排除される人），「共犯者」（同化される人）の三つの立場で表現している。そして具体的な例として「差別者」からの同化メッセージに対して「笑う」という反応をすることによって，「同化」を受け入れる（「共犯者」になる）というメッセージになってしまうことを挙げている（佐藤 2018）。このことから木村は，「差別行為に巻き込まれ，『共犯者』になる可能性がある」ことを学習内容として提示することによって，思考停止状態から抜け出すことができる可能性について示唆している（木村 2021）。

　「③『触らぬ神に祟りなし』というような忌避意識について」は，差別はいずれにしてもなくならない，という諦めのような意識であり，そのために，こういった問題については触れたくない，という意識であると指摘している。このことについては。「差別はなくすことができる」というメッセージを，今一度強く発信していく必要がある，と述べている。

　類似の課題として，同和教育の課題としてよく取り上げられる「寝た子を起こすな論」と共通性があると考えられる。「寝た子を起こすな論」とは，問題が起こっていないように見える現状があるのだから，わざわざ事を荒立てて問題を引き起こす必要はない，ということのたとえの表現である。同和教育の課題として，部落差別問題が表出化していない（ように見える）昨今にあって，わざわざ同和問題を学校で取り上げる必要はなく，むしろ授業等で取り上げる

表13-2　人権や差別が「他人事」になる要因と学習内容による克服

	「他人事」になる要因	学習内容による克服
①	「被差別の現実」を「別世界」のこととして受けとめている。	『青い目 茶色い目』による「差別のしくみ」の学習
②	「私は差別をするはずがない」という思考停止状態に陥っている。	「差別行為の三者関係モデル」の学習
③	「触らぬ神に祟りなし」というような忌避意識がある。	「差別はなくすことができる」という強いメッセージの発信
④	「人権侵害の被害者になる」ということが想像しにくい。	市民としてのリーガル・リテラシーの育成

出所）木村（2021：63）。

ことにより，差別感情を引き起こす，という考え方がある。筆者も授業でこのことを取り上げ学生に考えてもらうが，一定数共通する考えをもつ学生がいる。そこで現在進行形で差別に苦しんでいる当事者の意見を引用すること，またメディアで取り上げられている視聴覚教材を授業等で視聴すること，あるいはさまざまな調査分析結果を紹介することが必要となろう。

　「④『人権侵害の被害者になる』ということが想像しにくい」について，市民としてのリーガル・リテラシーの育成が十分になされていないからだと考察している。今日では，学校教育において市民としてのリーガル・リテラシーの育成が目指されているとしている。「普通の人々」が雇用環境の悪化や悪徳商法などによって「人権侵害の被害者」になる可能性を知り，法律によって自らの権利を守る方法を知っておくことの重要性について指摘している。

　ここまでの考察を，木村は表13-2のようにまとめている。木村は4つの課題について的確に考察しているが，私たちも同様，さらに考察を深め，検討する必要があるだろう。

3　人権問題を具体的に考える方法の整理

（1）人権問題を具体的に考えるにはどのような方法があるか

　先述のとおり，人権教育が主には教育の現場で試行錯誤のなか，実践されている。その上で，人権教育の取り組みに際しての多くの課題があることが明確

になっている。さまざまな人権にかかる課題を，いかに身近なものとして切実に考えていくか，ということを検討していくことが必要であろう。

　そこでここでは人権問題をどのような方法で取り上げていけばよいか，整理してみたい。

　一つの方法として，たとえば同和問題であれば，歴史を教科書や副読本等で丁寧に読んでいくことで，過去にどのような事実があったかを確認していく方法が挙げられるだろう。このことにより，事実を正確に確認することができ，巷にある間違った情報に振り回されない姿勢を身に付けることができると考えられる。

　また，人権問題で辛い経験をした当事者を招き，実際にその体験を聞く，という方法もある。同和問題を同じく例にとると，この課題について，たとえば自身の身の回りに身近に感じていない，あるいは十分理解できていない人びとにとって，当事者の話を聞くことで，具体的にどのような困り事があり，心身共に辛い状況にあるのか，理解するきっかけとなる。この機会を契機に深く自分自身で調べ事をするなかでより深く認識することにもつながるだろう。

　加えて，人権問題に関する標語キャッチコピー，作文やポスター等の作品を募集する，という方法もあるだろう。たとえばポスターを作製するにあたって，まずは文献等で人権問題を調べるプロセスがあるだろう。そこで知り得た知識をポスターにすることで，知識のみならず人権問題で実際に起こっている現実をイメージ化し，広く一般にインパクトを与える作品を作ることができる。このことで製作者はもちろん，それを目にした人びとにも関心をもつ機会を与え，より広く人権問題への関心が広がることと考える。

　そして，グループワークという手法もある。これはたとえば一つの事例をグループで共有し，それらについて意見を出し合い，具体的なテーマに対する理解をより深めていく，という方法である。この方法はさまざまな教育現場で用いられている。あわせてさまざまな課題を身近なところで抱えている当事者の教育，更生の現場でもよく活用されている。

（2）グループワークで考える方法：人権問題を具体的に考える方法の一例として

　グループワークとは，ソーシャルワークという社会福祉の専門職が用いる援助技法のひとつである。なおその場合は「ソーシャル・グループワーク」と表記することもある。これはグループという形態で実施される作業，話し合い，学びあい，スポーツ，ゲーム，作品作り等といった「プログラム活動」と言われる体験を通して，またグループメンバー同士の直接的なコミュニケーション等を通して，お互いに成長していくことにより，各人の課題等を克服することを目指すものである。また石川（2020）は，人権問題を考える方法としてのグループワークの目的を「ある特定の問題から人権問題に焦点化してグループで討議し，個人の福祉を守るための積極的な環境への配慮を求める活動を展開すること，そのための合意形成の手続きや，具体的な行動の提案などをしていくこと」であると述べている。

　このグループワークという方法をより多く活用している現場の一つの例として，DV 加害者のための更生教育がある。これは，DV 加害という，被害者や子どもへの人権侵害の課題を抱えた当事者のため，あるいは DV 被害者支援のためのグループである。

　L・バンクロフト（Lundy Bancroft）は加害者プログラムでは４つの要素が重要であるとして，これらについてグループ活動を中心として実践することを推奨している。その４つの要素とは「結果，教育，対決，責任」である（バンクロフト 2008：408）。まず「結果」とは，加害者の暴力の「結果」，それは大事な人との関係性を失うこと，犯罪行為を法制度で明らかにする，ということである。そして加害者プログラムでは「教育」「対決」に焦点を当て，虐待についての教育を行い，加害者の考え方と言い訳に対決しなければならない，としている。そして加害者が自分の行動やふるまい，考え方に責任をもつこととしている。

　また山口も自身が実践しているプログラムについて著書のなかで紹介している。そこでは，数回の面談ののち，グループで「教育プログラム」を実践することを述べている。「プログラムではグループでの話し合いが中心ですが，ペ

アワークをしたり，ビデオを見て話し合ったり，DV の被害を体験した人の話
を直接聞いたり，パートナーに変わったと評価された先輩を呼んで話を聞いた
りすることもあります」と紹介している（山口 2016：78）。

　そこで架空の事例を紹介し，グループでどのようなことがおこなわれている
のかを考察していきたい。

---

① 家族構成

　　Aさん　38歳　妻　35歳　子ども　2歳（女児）・5歳（男児）

　　Aさんの仕事　会社員　妻　パートタイム勤務

② DV 加害者プログラムに参加するまでの経緯

　Aさんがおこなった DV の種類としては，怒りの感情が沸き起こると妻を
殴る，蹴る，髪の毛をつかんで揺するなどしてしまうことが年に 2，3回ほど
ある。また壁を殴る，物を投げる，大声を出す，などの精神的 DV はよくや
ってしまう。短気が問題であるとAさん自身も思っている。怒りの沸点を超え
て切れてしまうと殴ってしまう。止められない。これを何とか変えたいと思っ
ている。「妻の言語レベルが高くて，言い負かされる。妻の方が考えが深いと
思っている」とAさんは考えている。成育歴としては，古い考え方をもつ家で
育ったという認識をもっており，父親は母親に同じように DV をしていたと
のことである。本家の長男として男中心の家で育った。いま，父親の会社で修
行中で，将来代表になる予定である。

　DV 加害者対応の機関につながった大きなきっかけとして，数週間前にも大
きな DV があった。数回，妻の頭を叩いてしまった。妻は警察に相談をして
おり，そこで，こうした加害者プログラムのことを知った。一時は，妻とAさ
んとも離婚を考えた。妻は一時実家に帰っている。今後，Aさんが加害者プロ
グラムに通って変わってくれることに妻は期待している。Aさんとしても子ど
ものことを考えると，離婚して金で済ますのでなく，ひとり親にしたくないと
思っており，がんばって暴力を振るわないようにしたいが，できるのかと思っ
ている。

③　プログラムに参加して

　グループに参加して，Aさんも暴力をやめるように努力をし，優しい言葉がけをする．仕事が長時間労働であるため，体力的にも大変だが，家事育児にも協力し，特に食事の片づけについては積極的におこなうようになった．

　妻もAさんのそういった態度に安心して，多くの愚痴を言うようになった．「あなたは過去にはこういうことをした」「家事を一生懸命やっているけど当てつけがましく腹が立つ」「あなたの両親は私にひどいことをしたので，会いたくない．あなたにも会ってほしくない」など，今まで言えなかったしんどさを夫に訴えるようになった．また，夫が身体暴力をふるうタイミングは，仕事量が多くなり，残業が続く状況が重なったときが多かった．そのため同じような状況にあると妻は気持ちが不安定になり，「疲れた顔をしている」「怖い」「またなぐるんでしょ」と言いながら，物を投げたり，泣きわめくこと，また時には夫の頭を紙袋などで何度も叩くこともあった．

　こういったことがあるとグループではAさんは「妻が暴言を吐いてくる．痛みを伴うものではないが，何度も殴りつけてくる．子どもも見ている．どうしたらいいのか．妻のほうがDVではないか」と声を大きくすることが重なった．

　ここでは他のメンバーから具体的な経験を多く聞くことをおこなった．あるメンバーからは「自分もまさに同じようなことがあった．ここに通うようになって私のDVが止んでくると妻は安心するようだ．安心することと同時に，試し行動のようなものがあったり，DVが起こったときと同じような状況になったときにしんどくなったりしているようだ．また，以前は私も妻に同じことをしてしまっていたが，夜通し寝かせてもらえず，説教のようなことが続く日もあった．こういったことが続くととてもしんどい」という体験談が語られた．それに対してプログラム経験が長く，DVの理解が深まっているメンバーから次のような発言があった．「妻が不安定になるのはAさんの行動が直接的な原因でなくても，トラウマ感情が表出するためではないか．妻の行動の理解についても，その背景にあるものを考えることが必要ではないか」

④ DV加害者プログラムでの取り組み

　まずグループにおいてはプログラムの目的を何度も確認することをおこなった。プログラムの目的は「DVをやめること。怒りのコントロールをおこなうこと。妻や子どもといった家族との人間関係を改善すること」が例として挙げられる。こういった目的を何度も確認することを意識しておこなった。この目的に照らし合わせるとすると，妻の不穏な行動について，それを妻からのDVととらえるのではなく，その背景を積極的に理解することに焦点を当ててグループでの話し合いがなされるようになった。この背景を理解するために，DVが被害者に及ぼす影響について，教材等を通して理解することも度々おこなった。また，暴力等の影響によるトラウマやPTSDについての理解も積極的におこなうようにした。これらの情報から，「妻が暴言等，不穏な動きをするのは，自分の今までおこなってきたDVが原因である」と認識することにメンバーが務めることとした。また，妻が暴言を吐いたりすることは，直接夫がなにかしたから，という場合もあるが，過去のDVによるトラウマにより，気持ちが不安定になるために引き起こされるものであることをメンバーで理解し，指摘しあうようにした。

　また，このように妻の行動の背景が理解できたとしても，直接心身ともの暴力を振るわれることは気分の良いものではないので，時には夫は妻から物理的距離を取り，別の部屋に移ること，短時間の外出をすることなどもするようにした。そのほか，こういった具体的なその場での対処の仕方についてグループで体験談や成功事例，失敗事例を出し合うなどもおこなった。

　そして一番大切なこととして，DV被害者である妻がDVの被害を受けている時にどのような気持ちになったのか，ということについては度々確認し，認識を深めることをおこなった。

　以上のようなグループによる活動を通して，DVは一番身近な人に対する人権侵害であり，それをやめることが必要であり，DVをやめるためにグループ同士で意見やアイデア等を出し合い，「DVをやめる」という目標に向けて努

力をしていく。

┌**学習課題**┐
1．今までで印象に残る人権教育の例を挙げてみよう。肯定的なものだけでなく，疑問
　に思ったものや否定的な印象をもったものも思い出してみて，その理由を考えてみよ
　う。
2．学校教育現場で実践できる人権教育の「指導案」を立ててみよう。

引用・参考文献

石川瞭子（2020）「グループワークと人権にかかわる演習」高井由起子編著『わたしたち
　の生活と人権』教育情報出版.

木村和美（2021）「『我が事』として考える人権教育の在り方について」『広島修大論集』
　61(2)：63.

河野辺貴則（2020）「人権教育と道徳教育の関連性に関する分析的研究――人権課題に関
　わる道徳教科書教材に着目して」『教育実践学研究』22(1)：1-16.

佐藤裕（2018）『新版　差別論――偏見理論批判』明石書店.

人権教育のための国連10年推進本部（2003）「『人権教育のための国連10年』に関する国内
　行動計画の推進状況」.

人権教育の指導方法等に関する調査研究会議「人権教育の指導方法等の在り方について
　第1次とりまとめ（平成16年）・第2次とりまとめ（平成18年）・第3次とりまとめ
　（平成20年）」.

冨田稔（2018）「人権教育を軸にした道徳教育の実践に関する一考察」天理大学人間学部
　総合教育研究センター『総合教育研究センター紀要』16：1-10.

長尾良子（2019）「国連による人権教育の推進とわが国の人権教育の動向」『名古屋学院大
　学教職センター年報』3：45-58.

法務省・文部科学省編（2018）『平成30年版　人権教育・啓発白書』勝美印刷株式会社.

山口のり子（2016）『愛を言い訳にする人たち――DV加害者700人の告白』梨の木舎.

Lundy Bancroft（2002）*Why does he do that?-Inside the minds of angry and controlling
　men.*（バンクロフト，高橋睦子・中島幸子・山口のり子監訳（2008）『DV・虐待加
　害者の実体を知る――あなた自身の人生を取り戻すためのガイド』明石書店.）

（髙井由起子）

差別する心理

　差別は時代とともに変化しつつ，今後も決してなくなることはない。現代社会での差別や偏見は見える形だけでなく，むしろ見えない形で多く存在している。新型コロナウイルス感染症に関連して起こったさまざまな事象からも，誰もがいつ「差別される側」の当事者になるかもしれず，また知らず知らずのうちに「差別する側」の当事者となる可能性もある。第14章では差別を受ける側のみならず，差別をおこなう側にも積極的に目を向ける。まず第１節では差別や偏見が起こるしくみとともに，差別に関連するキーワードを学ぶことで，自分の身近にある差別や偏見を自覚することを狙いとする。また第２節では社会的勢力，第３節では同調圧力という視点から差別や差別に関連するさまざまな事象をとらえる。最後に第４節では一人ひとりが差別や偏見と向き合い，平等，公正な社会を目指すために，いくつかの理論や方法を提示する。

1　人はなぜ差別するのか

（1）差別が見えづらい日本の社会構造

　差別とは「正当な理由なく劣ったものとして不当に扱うこと」（『広辞苑　第7版』）であり，人権侵害の一つである。政治家や著名人による差別発言など，差別に関連するニュースを目にすることは珍しくない一方で，自分の身近において差別や人権侵害があると感じていない人の割合は高い（内閣府 2017；千葉県 2020）。その理由として，差別が見えづらい日本の社会構造の指摘がある（人種差別実態調査研究会 2016：1）。

　差別が起こるメカニズムについては，これまで社会，経済，心理，文化など多様なアプローチにより説明が試みられているものの，実際には一つの理論の

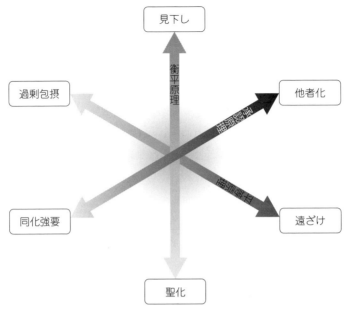

図14-1　差別が表出する6つの方式
出所）人種差別実態調査研究会（2016：2）。

みで明らかにすることは極めて困難である。そこで図14-1のように差別の有無を判断するための基準を3つの原理と6つの表出様式でとらえることにより，異なった次元や発生の仕組みが異なる差別についても気づきやすくする試みもある（人種差別実態調査研究会 2016：2）。

　また人種，エスニシティ，ネイション，ジェンダー，階級，セクショナリティなど，さまざまな差別の軸が組み合わさり，相互に作用することで独特の抑圧が生じている状況を表す「インターセクショナリティ」（徐 2018）という概念が近年注目されているように，差別の事象もまた多様で複雑なため，全体像を把握することが容易ではないことも一因である。

（2）身近にある差別

　差別はごく当たり前の心理的メカニズムのなかから起こりうる。図14-2のように，私たちが日常的にさまざまな事がらを認知し，行動するプロセスがあ

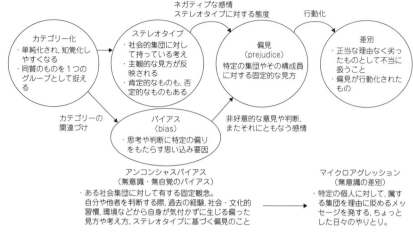

図14-2　差別に結びつく心理的プロセスに関連する概念

出所）筆者作成。

り，その延長線上に差別がある。

　情報を処理する過程において，得られた情報を単純化し，整理して，対処を
おこなうために，特定の特徴に着目することを「カテゴリー化」といい，さま
ざまな集団に対する情報処理を繰り返すなかで，「ステレオタイプ」が形成さ
れていく。バイアス（bias）はプリジュディス（prejudice）とともに偏見と訳
されることも多いが，本章においては先入観，つまり思考や判断に特定の偏り
をもたらす思い込み要因を「バイアス」と表記し，バイアスに嫌悪感や差別的
な意味合いが含まれたプリジュディス（prejudice）を「偏見」としている。さ
らに「偏見」に基づいて行動化されたものが「差別」である。

（3）無意識・無自覚におこなわれる差別

　近年，アンコンシャス・バイアス，マイクロアグレッションというキーワー
ドが注目されている。アンコンシャス・バイアスは，ある社会集団に対して有
する固定観念であり，自分や他者を判断する際，過去の経験，社会・文化的習
慣，環境などから，自身が気づかずに生じる偏った見方や考え方，ステレオタ
イプに基づく偏見のことである（中坪ほか 2019：20）。マイクロアグレッショ
ンは，特定の個人に対し属する集団を理由に貶めるメッセージを発する，ちょ

っとした日々のやりとりをさす（スー 2020：20-21）。アンコンシャス・バイア
スが行動化されたものがマイクロアグレッションにつながり，「無意識・無自
覚」である点，「見えづらい」点が現代的な差別の特徴を表している。

　たとえば内閣府男女共同参画局が2021年に教員向けに作成した冊子（内閣府
男女共同参画局 2021：9）では，教員が持ちやすいステレオタイプである「女
子は数学や理科ができない」は，アンコンシャス・バイアスであり，結果とし
て理科の授業において実験の操作は男子，記録は女子という生徒間に自然とで
きた役割分担に任せている実態につながっている。またテストの点数の良かっ
た女子生徒に「女子」という属性に基づいて評価し，「女子なのに数学や理科
ができて，すごいね」とほめ言葉をかけることにより，声かけをされた女子生
徒の教科に対する意欲を低下させる例はマイクロアグレッションといえる。

　マイクロアグレッションの一つひとつは目に見えづらいほど小さなことでも，
日常的に繰り返し体験することにより，受け手の精神的・肉体的影響は大きく
なる。また行為者が無意識なので気づきにくい。そして悪意がないゆえに，受
け手が声をあげづらいなどの理由も解決の難しさを表している。

（4）差別の延長線上にある概念

　前述したように，差別は人権侵害の一つであり，定義にある「正当な理由な

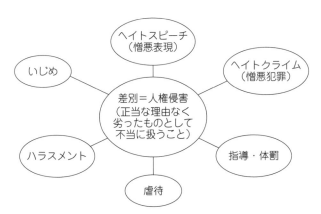

図14-3　差別の延長線上にある概念

出所）筆者作成。

く劣ったものとして不当に扱うこと」ととらえた場合，図14-3のように差別そのものの行為として，また差別の結果生じる事象として，いくつかの概念が差別の延長線上に存在する。

2 社会的勢力とは

（1）社会的勢力とは

　社会的勢力とは，「他者の態度，行動，情動になんらかの影響力を及ぼすことのできる潜在的な能力」（『最新　心理学事典』）である。他にも「他者（個人または集団）を自分の意志どおりに行動させることができる能力」（森 1994）と，より強制的な性格をもった強い力として定義しているものもあり，その力は権力と同義である。フレンチとレイブン（French & Raven 1959）は，この社会的勢力がどのような要因を基盤としているのかという観点から，6種類に分類した。

（2）社会的勢力の6つの類型

① 報酬勢力

　送り手（影響力を及ぼす側）が受け手（及ぼされる側）の望んでいるもの，すなわち報酬を提供できることに基づいた社会的勢力をいう。たとえば学校では内申点や成績，クラブ活動でいうレギュラーのポジションなどが報酬に該当し，職場では昇進や昇給などの人事評価や給与などがあてはまる。

② 強制勢力

　報酬勢力とは対照的に，受け手が回避したい「罰」を送り手が保持している場合は強制勢力といえる。たとえば学校では追加課題やクラブでの居残り練習，また職場においては，不本意な人事異動や減給などが挙げられる。

③ 正当勢力

　特定の社会的地位にいることによって生じる影響力を正当勢力という。つまり「上司」「先輩」「先生」など，受け手が送り手のことを自分よりも高い地位にあると認識したうえで，送り手のはたらきかけに従うべきという社会的規範

をもっている場合などがあてはまる。

④　準拠勢力

　憧れの芸能人や尊敬する指導者など，送り手に自分の理想像を投影し，ある判断をくだしたり，行動をとる際に，送り手であればどのように判断したり，行動するかを参照し，その影響を受ける場合をいう。参照勢力ともいう。

⑤　専門勢力

　法律や医療をはじめ，特定の領域において十分な知識がある，経験を積んでいると受け手が認識することで，影響を受けやすくなることを専門勢力という。同時に特定の資格や地位がその専門性に付随していることが多い。

⑥　情報勢力

　上記の5つの勢力の分類後に新たに提唱された社会的勢力の一つで，根拠のある，また信頼できる論拠が生み出される場合に影響力をもつことである。

（3）社会的勢力による差別やいじめ，ハラスメント

　図14-3でも挙げたように，差別の構造をもったさまざまな事象が社会的勢力と関連づけて考えることができる。なぜなら社会的勢力が強制力をもつ特権である以上，そこには上下関係が生じるからである。

　たとえば報酬勢力や強制勢力，正当勢力には行き過ぎた指導や体罰，いじめ，またハラスメントなどが起こりやすい土壌がある。また最近ではテクニカル（あるいはテクノロジー）ハラスメント，テクハラとしてパソコンやインターネットなどの情報機器やシステムに疎い，技量が低い上司に対して，IT関係の知識が豊富な新入社員が不快感を感じさせる例のように，部下であっても，そして無自覚であってもハラスメントの加害者になりうる（日本経済新聞，2021.4.6）。この場合は専門勢力や情報勢力に基づくハラスメントといえる。

　このように誰もが受け手や送り手の当事者になる可能性があるため，自分自身と他者の構造的な関係性，とりわけ自分がもつ力（勢力）について理解を深めておくことが大切である。

3 同調圧力

（1）同調とは

　同調とは，「集団や社会のなかで，個人が適応的に行動しようとした場合，個人的な意見や考えで行動するよりも，多数者と同じ行動をとること」（『最新心理学事典』）をいう。集団の一員であることに魅力を感じる「集団凝集性」をより強く感じれば，連帯感が高まり，集団の一員としてふさわしい言動や態度をとろうとする。社会的存在である人間としては，個人が集団と一致することを求めることは心理的安定や精神的健康が得られる，ごく自然な行動である（ケインほか 2020：125）。また特定の集団だけでなく，通行人など不特定多数の人びとに対しても同調行動が表れることも，実験により確認されている（『最新　心理学事典』）。

　同調のしやすさ，すなわち同調率は性別や年齢，そして国によっても異なり，男性よりも女性，子どものなかでも，より年齢が低い子どもの同調率が高く，国際比較においては，個人主義の国よりも集団主義の国の方が，より同調率が高いことが明らかになっている（スミス／ハスラム 2017：102-103）。

（2）日本は集団主義か個人主義か

　コロナ禍におけるマスク着用率の国際比較をおこなった際，集団主義的な傾向が高い国はマスク着用率が高く，個人主義的な傾向が高い国は着用率が低い傾向が明らかになった。しかしながら日本のマスク着用率は95％を超えるほど高かったにもかかわらず，集団主義的な傾向は，他のアジアの国や中南米などに比べると低いという結果が明らかになった（朝日新聞，2021.5.25）。このデータをどうとらえるべきだろうか。

　「日本人は集団主義的で，アメリカ人は個人主義的」というイメージは，ある種のステレオタイプといえるが，その事実を裏づけるデータは一つもなく，むしろ日本人の方が個人主義的であったり，日米間に明確な差異はないとするデータの方が多かった（高野 1997：323）。つまり，このステレオタイプは事実

ではないということになる。

　またある調査では回答者の約9割が「日本人は集団主義である」と考えているにもかかわらず，「自分は個人主義である」と約5割が回答しているように，「個人主義者による集団主義」であるという指摘もある（荒川 2021）。

（3）同調圧力とは

　日本人が個人主義的であるにもかかわらず，同調行動をとる要因の一つとして同調圧力が考えられる。同調圧力とは，「集団での意思決定の際に，多数派の意見と同調させるように作用する暗黙の圧力」（『大辞林　第4版』）をさす。

　その風潮はすでに学校教育から始まっており，日本では「みんなで同じことを，同じように」（文部科学省 2021：8）おこなうことが小さい頃から求められる。日米の高校生におこなった調査では「友だちが私をどう思っているか気になる」と回答したのはアメリカの高校生が約4割であったのに対し，日本の高校生は約7割であった。一方で，「友だちに合わせていないと心配になる」と回答したのは，日本の高校生が約3割であったのに対して，アメリカの高校生は約5割であった（国立青少年教育振興機構 2018：59）。つまり本当に同調しているかが問題ではなく，同調しているように見えることが重要視されているともとらえられる。学校生活で同調圧力を感じる子どものなかには，結果としていじめや不登校などの問題が生じている実情が指摘されており，日本の学校教育の画一的・同調主義的な文化を変えなければいけないという認識がある（文部科学省 2021：8）。

　子どもの世界のみならず，同調圧力は私たちの身の回りの至るところでみられる。たとえば周りの同僚が残業しているので自分だけが早く帰りにくく，仕事を終えていても席を立てないのは同調圧力を感じているからである。

　日本で同調圧力が起こりやすい要因について，日本はもともと言語への依存が少なく，非言語表現への依存が高い「ハイテクスト文化」に加え，「明確な掟が少ない」ことが挙げられる（平田 2008）。「空気」という曖昧な掟をよみ，行動することが求められることは，言い換えれば同調圧力が強いことを表している。

（4）同調圧力による差別やいじめ，ハラスメント

　同調圧力が高い社会では異端者に対する排他性が高まり，差別が起こる。たとえば，新型コロナウイルス感染症の例では，ワクチンハラスメントとして，ワクチン接種の同調や強制，接種の有無等の名簿の張り出し，接種しないことを理由とした退職勧告や部署異動，接種しない理由をしつこく聞くなど，ワクチン接種をしない人に対する差別やいじめ，ハラスメントが実際に起きている（中国新聞，2021.7.1）。

　これは第1節で述べた心理的なメカニズムのもと，誤った情報による思い込みが偏見となり，実際に差別という行動につながりやすいことを示している。社会不安が高まるなかで，誰もがいつ差別を受ける当事者になっても，差別をおこなう当事者になってもおかしくないことがわかる。

4　差別とどのように向き合うか

（1）差別を軽減するための理論

① 接触理論から展開される新たな取り組み

　これまでに差別を解消・低減する取り組みは，さまざまな視点やアプローチからおこなわれてきた。その一つである接触理論は「偏見は相手への無知や誤解に基づくものであり，接触機会を増やし，真の姿に触れれば，おのずと偏見はなくなる」というものであるが，集団の垣根を越えて接触する際の地位の対等性，協力しなければ達成できないような共通する目標の付与，集団間の接触を促すことを支持する法律や制度，社会的規範の枠組みの存在など，いくつかの適切な条件が必要であり，場合によってはかえって偏見が強化されることが明らかとなっている（北村・唐沢 2018：82）。

　そこで接触理論から展開される新たな取り組みとして，自分の所属する集団（内集団）のメンバーのなかに，他の集団（外集団）のメンバーと親しい関係にある者がいることを単に知るだけで，その外集団に対する態度が好意的になる拡張接触仮説や，自分が外集団のメンバーとうまく相互作用できている場面を想像することにより，外集団への態度が好転する仮想接触仮説などがあり，

前者は直接接触に伴う緊張やストレスを感じなくてもよいなど制約が少なくなる点，後者は実施が簡便で負担が少ない点などから近年注目されている（池上2014：141）。

② 潜在認知を変容させる教育的アプローチ

　池上（2014）によると，心理学的にみると差別的行動や偏見に基づく思考は，人間が環境への適応のために獲得した正常な心理機能に根差したものであり，その機能は意識を超えた形で存在するため，統制することは極めて困難であるという。そのため人間のもつ心性に寄り添い，自然な形でアプローチできる方法として潜在的認知にはたらきかけることが提唱されている。人為的に情報環境を変えることで偏見が低減するなどの取り組みも見られており，第13章に詳述されるような学校や地域での教育的アプローチが大いに期待できる。

③ 幼児期における前偏見に対するアプローチ

　前項の取り組みの一つとして，さらに有用性が高いと思われるのが幼児期に生成される「前偏見」の低減に対するアプローチである。佐藤（2012）によると，前偏見とは，大人のもつ偏見と同義ではなく，積極的に社会を理解しようとしている存在として，幼い子どもがもつ初期の考えや感情であるが，それに対する大人の反応が社会的判断のきっかけとなり，やがてその後の偏見につながる可能性が大きい。たとえば幼稚園における日本人幼児と外国人幼児の関係性や保育者の相互作用に関する研究では，前偏見の低減をはかるためには保育者の役割が重要であり，直接差異を取り上げるのではなく，(a)直接体験（遊び），(b)遊びを通した多様なカテゴリーの流動化（例としてその子どもの良い面や得意な面を取り上げる），(c)集団のリーダー的存在の子への援助が効果的であるとされている。

（2）差別との向き合い方に関連する概念

① 本当の意味でのダイバーシティ＆インクルージョン

　岩渕（2021）によると，ダイバーシティはもともと「多様性を認め合う」

「共生」という肯定的で調和的なイメージが先行するものの，その「違い」のなかには構造的な差別や不平等，格差が表裏一体として存在する。また近年は経済的な生産性向上の視点から組織マネジメントの手法として，企業を中心にダイバーシティ・インクルージョン（以下，D&I）という概念が徐々に認知されており，雇用する人材や形態の多様化という意味で論じられることが多い。しかしながら本来のD&Iは差別や不平等，格差の解消に向けた取り組みであるべきこと，そして差別され，排除されている存在をインクルージョン，つまり社会的包摂を実現するための概念として認知されることが重要である。

② 特権に無自覚なマジョリティとホワイト・フラジリティ

　差別と真に向き合うためには，特権をもつ側ともたない側の差別的構造をとらえる必要がある。出口（2021）によると，特権は「あるマジョリティ側の社会集団に属していることで労なくして得る優位性」であり，努力の成果ではなく，自動的に得られる恩恵を指すとしている。たとえば人種問題におけるホワイト・フラジリティ（白人の心の脆さ）という言葉に表されるように，マジョリティ側であり特権をもっている白人は，自分のことを人種問題の当事者ととらえないため，そもそも問題の所在に気づくことがない。また，ホワイト・フラジリティは白人が人種問題に向き合う際に「怒り，恐れ，罪悪感といった感情や論争，沈黙，そしてストレスの起きる状況からの撤退という行動」などの自己防衛反応を起こすことを意味するが（ディアンジェロ 2021：14），それは人種問題にとどまらず，あらゆる差別や不平等，格差を考える際にもあてはまることである。健常者と障がい者，異性愛者と同性愛者，男性と女性など，およそあらゆるマジョリティ側は上記と共通している。特権をもつがゆえに問題に対して無知であり，無自覚である。その結果，変革する必要性に気づかず，差別的構造が維持され続けている。この差別的構造を変革するのはマイノリティ側でなく，マジョリティ側である。マジョリティとしての特権を自覚すること，無関心を関心に変えることから現状変革が始まるのである。

　　[付記]　本章執筆にあたりましては，カナダBC州在住の臨床心理カウンセラー

である加藤夕貴氏に大きなご示唆をいただきました。深謝いたします。

┃**学 習 課 題**┃

1. 「女性のために重い荷物を持つ」「レディーファースト」など，一見良いおこないが
　好意的（善意的）性差別を意味します。あなたはどう考えますか？
2. 身の回りの「マイクロアグレッション」や「無意識のバイアス」を思いつく限り挙
　げてみましょう。

引用・参考文献

荒川和久（2021）「日本人は「みんなと一緒が好き」という大誤解——欧米と比べて集団主
　義的傾向が強いのは本当か」東洋経済オンライン，2021年4月21日.
　https://toyokeizai.net/articles/-/422892（2021年8月31日確認）

朝日新聞「集団主義的傾向高井とマスク着用率↗日本は…」2021年5月25日夕刊

池上知子（2014）「差別・偏見研究の変遷と新たな展開——悲観論から楽観論へ」『教育心
　理学年報』53：141.

岩渕功一編著（2021）『多様性との対話』青弓社，12-13.

ジェニファー・エバーハート，山岡希美訳（2020）『無意識のバイアス——人はなぜ人種
　差別をするのか』明石書店.

北村英哉・唐沢穣編（2018）『偏見や差別はなぜ起こる？——心理メカニズムの解明と現
　象の分析』ちとせプレス.

ダイアン・J・グッドマン，出口真紀子訳（2017）『真のダイバーシティをめざして——特
　権に無自覚なマジョリティのための社会的公正教育』上智大学出版.

ケイン聡一・小池真由・中島健一郎（2020）「同調行動研究のこれまでとこれから——動
　機に着目する必要性」『広島大学心理学研究』20：125.

国立青少年教育振興機構（2018）「高校生の心と体の健康に関する意識調査——日本・米
　国・中国・韓国の比較」，59.

佐藤千瀬（2012）「幼児の前偏見の生成と提言の可能性」加賀美常代他編著『多文化社
　会の偏見・差別——形成のメカニズムと低減のための教育』明石書店，37-56.

齊藤勇編（1999）『対人社会心理学重要研究集——社会的勢力と集団組織の心理　1』誠
　信書房.

徐阿貴（2018）「人権の潮流　Intersectionality（交差性）の概念をひもとく」国際人権ひ
　ろば No. 137（2018年01月発行号）
　https://www.hurights.or.jp/archives/newsletter/section4/2018/01/intersectionality.
　html（2021年8月31日確認）

人種差別実態調査研究会（2016）「日本国内の人種差別実態に関する調査報告書」日弁法
　務研究座談研究番号120.

デラルド・ウィン・スー，マイクロアグレッション研究会訳（2020）『日常生活に埋め込
　まれたマイクロアグレッション——人種，ジェンダー，性的指向：マイノリティに向

けられる無意識の差別』明石書店.

ジョアンヌ・R・スミス／S・アレクサンダー・ハスラム，樋口匡貴・藤島喜嗣訳（2017）『社会心理学再入門――ブレークスルーを生んだ12の研究』新曜社.

高野陽太郎（1997）「“日本人の集団主義”と“アメリカ人の個人主義”――通説の再検討」『心理学研究』68(4)：323.

千葉県（2020）「人権問題について（令和元年度第4回インターネットアンケート調査の結果）」
https://www.pref.chiba.lg.jp/kenfuku/keihatsu/r1tyousa.html （2021年8月31日確認）

中国新聞「打たない人への差別や嫌がらせ　防ごうワクチンハラスメント」2021年7月1日

ロビン・ディアンジェロ，貴堂嘉之監訳，上田勢子訳（2021）『ホワイト・フラジリティ――私たちはなぜレイシズムに向き合えないのか？』明石書店.

出口真紀子（2021）「論点3　みえない「特権」を可視化するダイバーシティ教育とは？」岩渕功一編『多様性との対話』青弓社，165-174.

内閣府男女共同参画局推進課（2021）「令和2年度内閣府委託調査　男女共同参画に配慮した中学生向け理数系教育に関する指導者用啓発資料についての調査研究「男女共同参画の視点を取り込んだ理数系教科の授業づくり～中学校を中心として～」9.

内閣府（2017）「人権擁護に関する世論調査」
https://survey.gov-online.go.jp/h29/h29-jinken/index.html（2021年8月31日確認）

中坪史典・木戸彩恵・加藤望・石野陽子（2019）「女性・母親に向けられるアンコンシャス・バイアスという眼差し」『広島大学大学院教育学研究科紀要』68(20).

日本経済新聞「無自覚の「テクハラ」，部下でも加害者に」2021年4月6日

新村出編（2018）『広辞苑　第7版』岩波書店，1192.

藤永保監修（2013）『最新　心理学事典』平凡社.

平田佑子（2008）「発話行為が他者にもたらす影響に関する研究」『高田短期大学紀要』26：152-153.

松村明編（2019）『大辞林　第4版』三省堂.

文部科学省（2021）「令和の日本型学校教育」の構築を目指して～全ての子供たちの可能性を引き出す，個別最適な学びと，協働的な学びの実現～（答申）」（中教審第228号）.

森博（1994）“社会的勢力”『日本大百科事典』小学館，https://japanknowledge-com.libproxy.ouj.ac.jp/lib/display/?lid=1001000111227（2021年8月31日確認）

French, J. R. P. Jr., & Raven, B. H. (1959) "The Bases of Social Power," In D. Cartwright, D. (ed.), *Studies in Social Power*, Ann Arbor, USA: Institute for Social Research, University of Michigan Press, 150-167.

（丸目満弓）

人名索引

事 項 索 引

執筆者紹介（執筆担当，執筆順）

寅屋 壽廣（とらや・としひろ，元・大阪成蹊短期大学）第1章・第8章

宮崎 康支（みやざき・やすし，関西学院大学客員研究員）第2章

西山 直子（にしやま・なおこ，大阪成蹊短大ほか非常勤）第3章

伊田 広行（いだ・ひろゆき，立命館大学ほか非常勤）第4章・第12章

菅原 伸康（すがわら・のぶやす，関西学院大学）第5章

髙井 逸史（たかい・いつし，大阪経済大学）第6章

荻野 勝洸（おぎの・かつあき，浄土真宗本願寺派浄行寺）第7章

髙井由起子（たかい・ゆきこ，編著者，関西学院大学）第9章・第10章・第13章

佐々木勝一（ささき・しょういち，神戸女子大学）第11章

丸目 満弓（まるめ・まゆみ，大阪城南女子短期大学）第14章

身近に考える人権
——人権とわたしたち——

| 2022年3月20日　初版第1刷発行 | 〈検印省略〉 |
| 2023年4月20日　初版第2刷発行 | |

定価はカバーに
表示しています

編著者	髙　井　由　起　子
発行者	杉　田　啓　三
印刷者	田　中　雅　博

発行所　株式会社　ミネルヴァ書房
607-8494　京都市山科区日ノ岡堤谷町1
電話代表　075-581-5191
振替口座　01020-0-8076

ISBN978-4-623-09325-0
Printed in Japan

▌ネットいじめの現在（いま）——子どもたちの磁場でなにが起きているのか

—————————————原　清治 編著　四六判　256頁　本体2200円

●ネットいじめに関する大規模調査の報告と分析から見る，SNS 時代の子どもたちの実態。学校という「磁場」が及ぼす影響に注目し，リアルと地続きになったネット上のつながりを読み解きながら，いかに子どもたちを守るかを考える。いじめといじりに関する土井隆義の講演や，いじめ研究の草分けの一人である松浦善満へのインタビューも収録。

▌大学 1 年生の君が，はじめてレポートを書くまで。

—————————————川崎昌平 著　A5判　168頁　本体1400円

●大学受験もやっと終わり，晴れて新入生となったキミ。さて，これからどう勉強していけばいいのかな？　大学では高校と違って自分が好きなことについて自由に考え，書いて，伝えることができるというけれど……でも，それってどうやるの？　そんなキミにおくる，大学 1 年生の「マナブー」と「カコ」が自分でテーマを決め，資料を調べて，はじめてレポートを書くまでの成長物語。

▌猫と東大。——猫を愛し，猫に学ぶ

—————————————東京大学広報室 編　A5判　168頁　本体2200円

●猫も杓子も東大も。　大学は大学らしく猫の世界を掘り下げます。
世はまぎれもない猫ブーム。一方で，ハチ公との結びつきが深い東大ですが，学内を見回してみると，実は猫との縁もたくさんあります。そこで，猫に関する研究・教育，猫を愛する構成員，猫にまつわる学内の美術品まで取り揃えて紹介します。